U0870472

基于柔韧性评估和运动表现提升的筋膜拉伸

（第2版）

[美] 安·弗雷德里克（Ann Frederick）
克里斯·弗雷德里克（Chris Frederick）◎著
王雄　杨斌◎译

人 民 邮 电 出 版 社
北 京

图书在版编目（CIP）数据

基于柔韧性评估和运动表现提升的筋膜拉伸 ：第2版/
(美) 安·弗雷德里克 (Ann Frederick) ，(美) 克里斯
·弗雷德里克 (Chris Frederick) 著 ； 王雄， 杨斌译
. -- 北京 ： 人民邮电出版社， 2023.6（2024.6重印）
ISBN 978-7-115-59489-1

Ⅰ. ①基… Ⅱ. ①安… ②克… ③王… ④杨… Ⅲ.
①运动训练 Ⅳ. ①G808.1

中国版本图书馆CIP数据核字(2022)第123104号

内 容 提 要

本书是适合每一个人的拉伸指南。作者弗雷德里克夫妇是美国著名的柔韧性训练专家，他们将40多年来的知识储备和实践教学经验发展、更新成一套完整的拉伸理论并撰写成书。本书结合了他们从精英运动员、奥运会选手、到诊所就诊的普通客户、高校学生和教学团队身上获得的治疗经验与反馈信息，涵盖了柔韧性的基本原则、柔韧性的解剖学和生理学原理、柔韧性训练、运动表现中的柔韧性、柔韧性评估、基础灵活性拉伸、动态拉伸等内容。无论是运动爱好者、长期不运动的久坐人士，还是职业运动员或物理治疗师，本书所教授的拉伸方法都会对其大有助益。

◆ 著　[美] 安·弗雷德里克（Ann Frederick）
克里斯·弗雷德里克（Chris Frederick）
译　王　雄　杨　斌
责任编辑　李　璇
责任印制　周昇亮

◆ 人民邮电出版社出版发行　北京市丰台区成寿寺路11号
邮编　100164　电子邮件　315@ptpress.com.cn
网址　https://www.ptpress.com.cn
北京天宇星印刷厂印刷

◆ 开本：700×1000　1/16
印张：14.25　2023年6月第1版
字数：246千字　2024年6月北京第2次印刷

著作权合同登记号　图字：01-2017-3057号

定价：98.00元

读者服务热线：(010)81055296　印装质量热线：(010)81055316
反盗版热线：(010)81055315
广告经营许可证：京东市监广登字20170147号

新版序

本书第 1 版名为《拉伸致胜：基于柔韧性评估和运动表现提升的筋膜拉伸系统》，于 2018 年首次出版。本书以科学、系统、全面的拉伸训练知识体系为基础，结合了作者多年来的知识储备和实践教学经验，旨在有效提升运动爱好者的运动表现，找到解决慢性疼痛问题的方法。因此，本书受到了广大读者的认可。

为了进一步突出柔韧性评估对改善运动功能、提升运动表现的重要作用，直观地呈现图书定位和特点，本书第 2 版书名将“拉伸致胜”四字删去，更名为《基于柔韧性评估和运动表现提升的筋膜拉伸（第 2 版）》。

最后，如本书仍有疏漏或尚需改进之处，敬请同行专家及广大读者指正。

2022 年 9 月

资源与支持

配套服务

扫描右侧二维码添加企业微信：

1. 加入体育爱好者交流群。

2. 不定期获取更多图书、课程、讲座等知识服务产品信息，以及参与直播互动、在线答疑和与专业导师直接对话的机会。

谨以本书献给所有想要深入研究人体知识的人们，特别是那些在运动、健身、生活领域中想要了解如何评估和改善运动功能及运动表现的人们。本书也献给所有苦于寻找最佳解决方法，以消除疼痛或改善功能障碍的人们，以及愿意按照本书去实践以缓解疼痛并找到成功解决疼痛问题的方法的人们。

目录

致谢

这套拉伸技术的发展和更新，包含了我们 40 多年来的知识储备和实践教学经验。我们还将继续探索，不断完善。本书能够完成得益于很多人的帮助，在此向他们表示诚挚的感谢。首先，要感谢我深爱的丈夫克里斯（Chris），没有他，我就不可能完成这本书。在整个创作过程中，他给予了我极大的帮助，是得力的合作伙伴。我们坐在书桌和计算机前，共同努力了无数个日夜，我们始终意见一致。尽管在 1998 年遇到他之前，我已经有多年关于柔韧性和拉伸的科学研究经验，但是，我的经验能够转化成这本书，更多地归功于克里斯给我的启发、引导、支持和爱护，以及他的远见卓识。

其次，要特别感谢我的父母。他们一直相信并支持我的所有梦想。我的母亲教导我，只要脚踏实地，就可以实现自己的理想。我的父亲建议我找到自己的定位，努力坚持，不断进步。我知道他们为我的创作而感到骄傲，用微笑对我通过努力实现梦想表示支持。

鉴于我和克里斯在舞蹈和运动方面的共同背景，我们都认为拉伸和柔韧性会极大地影响和激发人体潜能。我从 4 岁开始舞蹈训练，克里斯从 10 岁开始跳舞。在过去的 40 年里，我有幸与许多舞蹈教师和学生共事，特在此感谢他们给我的无尽灵感，让我认识到拉伸和柔韧性对身体运动能力的各种影响。

特别感谢蒂姆·麦克莱伦（Tim McClellan）和里奇·温纳（Rich Wenner）。1995 年，他们在亚利桑那州立大学（Arizona State University）引导我步入了体能训练领域，使我有机会将自己的训练技巧转化为功能性柔韧性训练方案，并且供运动员在赛场上使用。因此，我有幸被选为 1996 年奥运会美国男子摔跤队的柔韧性训练专家。这段与奥运会运动员共事的经历，为我日后发现专项运动柔韧性对运动成绩的影响奠定了基础。

我必须感谢近 20 年来所有到我的诊室就诊的客户，感谢他们对我的信任。他们不仅分享自己的生活和运动经历，还向我反馈拉伸训练的效果。实际上，他们参与了我的拉伸致胜理念的发展成型过程。通过和他们交流，我发现了人体的许多差异性和共同性，以及人体运动具有的无限可能性。

特别感谢与我合作的运动员这么多年来对我的信任，感谢他们付出的时间和做出的贡献。为了帮助他们改善运动表现、避免受伤、维持身体健康和实现健身目标，我不断改进拉伸方法，也很荣幸能参与他们的职业训练。

最后，诚挚地感谢美国和加拿大的学生和教学团队。自从编写第 1 版《拉伸致胜》以来，我们就关闭了诊室，现如今我们主要致力于教学和写作。我现在的工作重点是如何进行高效的教学，如何最大限度地启发和激励学生、教师和读者。我们的工作对很多人的专业领域和个人生活产生了影响，我们因此感到非常快乐和满足。我们的工作影响了这么多人的生活，这些人又用我们的理念影响了更多的人，对于这一点我们真的感到很幸运。

——安 · 弗雷德里克（Ann Frederick）

感谢我的妻子。这本书是安（Ann）和我共同创作的作品，也是我们愉快合作的证明。我永远都忘不了第一次躺在安的治疗床上，通过她的拉伸技巧，我体验到消除疼痛感和紧绷感的神奇感受，而这些感受是在安的诊室里，客户每天都会拥有的神奇体验。安是一位精通拉伸的教师，具有优秀的鼓舞人心的能力。感谢安用自己的拉伸理念和拉伸体系专门为我进行拉伸，感谢她与我分享自己在这个领域的所有收获。

感谢我的父母，尽管我从事的行业可能并不符合他们的期望，但是他们一直鼓励我遵从自己的内心。特别感谢陈梅秀医生（Dr. Mei-Hsiu Chan），她指导我通过深度的身心治疗和训练，拥有了深层次的健身体验。

感谢我所有的舞蹈教师，他们在教授我舞蹈时，把自己对运动的那份热爱和快乐也无偿地传递给我。感谢舞蹈教师威廉 · 布尔曼（Wilhelm Burmann）、大卫 · 霍华德（David Howard）、梅利莎 · 海登（Melissa Haydn）、格洛丽亚 · 福金（Gloria Fokine）和罗伯特 · 布朗克辛（Robert Blankshine）。感谢罗曼娜 · 克扎诺夫斯卡（Romana Kryzanowska）和凯西 · 格兰特（Kathy Grant）为我介绍普拉提（Pilates）；同时感谢尤利乌 · 霍瓦特（Juliu Horvath），感谢他用自己的柔软体操体系对我进行训练，尽管当时该体系还未命名。

感谢玛丽卡 · 莫尔纳（Marika Molnar），她是我的手法治疗导师和领路人，也是理疗师、执业助理顾问，以及纽约西区舞蹈理疗中心（Westside Dance Physical

Therapy）的创始人。没有玛丽卡的启发，我不会获得今天这个让人颇感自豪的手法理疗师身份。此外，理疗师里斯·亨利（Liz Henry）和凯蒂·凯勒（Katie Keller）也为我提供了精心的指导；同时也感谢许多有创造力的合作者给我们的启发，他们经常光临诊室，这其中包括吉恩·克劳德·韦斯特（Jean Claude West）、肯·恩德尔曼（Ken Endelman）[身体平衡（Balanced Body）的创始人]和布伦特·安德森（Brent Anderson）[北极星普拉提（Polestar Pilates）的创始人]。

——克里斯·弗雷德里克（Chris Frederick）

还有很多人为本书做出了贡献，在这里一并表示感谢。特别感谢迈克尔·J. 奥尔特（Micheal J.Alter），他的第一部作品《拉伸科学》（*The Science of Stretching*）出版于1988年，这本书为新兴的柔韧性科学领域提供了科学依据。迈克尔也为该领域的后续研究提供了启示，希望我们这本书不会埋没他的成就，而是进一步把他的思想发扬光大。迈克尔审校了本书第1版的手稿，给我们送来相关研究报告，并非常耐心地与我们分享宝贵的知识，以及关于柔韧性科学发展趋势的见解。同样感谢韦恩·菲利普斯（Wayne Phillips）博士，他是我们的亲密朋友和同事，为我们的研究提供了很多帮助。感谢吉姆·奥驰曼（James Oschman）博士，他的关于筋膜系统的精彩论文给了我们很大的启发。特别感谢托马斯·迈尔斯（Thomas Myers），他是我们的朋友、同事和导师，教我们从一个全新的角度观察和了解人体。托马斯和我们在缅因州（Maine）一起训练了12周，在那里我们见识了他在《解剖列车》（*Anatomy Trains*）一书中介绍的各种训练，对“身体生理状态随意识而改变”这一点有了非常真实和深切的体会。

感谢用我们的拉伸技巧进行训练的所有学员，感谢他们对我们的信任，感谢他们付出的时间、精力和热情，以及对这本书做出的贡献，是他们激励我们尽最大努力，不断改进。每次教学，我们都可以从中获益良多，我们衷心感谢他们给予我们的帮助。

同样感谢我们的模特乔恩·伦普克（Jon Lempke）、埃米莉·格劳特（Emily Grout）和克里斯汀·西耶瑞（Christine Sijera），感谢他们付出的时间和精力。特别感谢伯特兰·贝里（Bertrand Berry），与他共事很愉快，他一直是我们喜爱的运动员之一。我们认为让一名已退役的美国国家橄榄球联盟（NFL）运动员担任辅助拉伸的模特是最合适的，辅助拉伸详见第8章。

感谢人体运动出版社的各位工作人员，他们的努力使本书第 2 版得以完成。尤其感谢策划编辑米歇尔·马洛尼（Michelle Maloney）、开发编辑劳拉·普利亚姆（Laura Pulliam）和执行编辑安·金德斯（Ann Gindes）。在整个撰写过程中，与他们共事非常愉快，感谢乐于助人、善解人意的他们。

感谢摄影师尼尔·伯恩斯坦（Neil Bernstein），他具有出色的工作能力，以及惊人的理解能力，他总是能准确解读我们的意图。非常感谢我们的艺术家布鲁斯·霍格斯（Bruce Hogarth）帮助我们解读筋膜网的新概念。感谢所有参与本书出版，但不知名的工作人员。

最后，我们感谢本书第 1 版的读者，他们通过邮件向我们展示了本书如何帮助他们消除慢性疼痛，从根本上提高灵活性，增强体能和改善运动表现。

——安·弗雷德里克（Ann Frederick）和克里斯·弗雷德里克（Chris Frederick）

简介

无论是足球、高尔夫、万米长跑还是其他奥运会项目，大多数运动员都认为通过渐进式的体能训练可以提高比赛成绩。不过，出于各种原因，运动员实际上很少进行拉伸训练。关于拉伸的研究结果一直没有定论，众说纷纭。因为没有足够的证据表明拉伸能提高比赛成绩，运动员也认为拉伸无聊、痛苦，甚至是浪费时间。人们的许多负面反馈主要针对一种特定的拉伸类型，即静态拉伸。此外，运动员没有意识到与运动目标相匹配的特定拉伸类型所带来的积极效果。幸运的是，这些内容在本书中都有涉及。

神经科学研究中有越来越多的证据表明，大脑是通过运动模式而不是孤立的肌肉来发挥功能的。因此，运动、体能和康复领域的专家逐渐放弃单一的肌肉训练和治疗方法，转而聚焦于基于运动的训练方法。因此，进行灵活性训练已成为健身和康复领域流行的趋势。大多数所谓的灵活性训练现今被称为动态拉伸，我们对这些容易混淆的概念进行了梳理，并将在第 3 章对拉伸和柔韧性进行详细探讨（译者注：原书作者没有严格区分柔韧性和灵活性，这两者之间有时候是相互交叉的）。

拉伸训练是否和体能训练一样重要？如果拉伸目标及方法正确合理，答案则是肯定的。这不仅指采用正确的拉伸姿势，还包括选用合适的训练参数，以获得最好的拉伸效果。也就是说，进行恰当的热身，开发各种特定的拉伸动作，并且根据预期目标，确定每次拉伸的强度、持续时间和频率都是十分必要的。

首先必须评估自己身体的柔韧性，然后才可以据此确定拉伸参数。如本书所述，柔韧性涵盖的范围大于关节活动度（ROM）。一旦获得身体柔韧性的评估结果，你就可以着手制订个性化的拉伸训练计划，以提高专项运动所要求的身体柔韧性。不要制订一般性拉伸计划，而应当制订更精准的拉伸训练计划，以满足自身需求，并且随着时间的推移对计划进行调整。全面评估身体柔韧性有助于确定自身柔韧性的基线水平，也方便后续对其进行定期的对比和回顾。通过对比，可以判断自己是否实现了预期的运动表现目标。拉伸训练计划可以按照一定的时间间隔定期进行，也可将其整合到其他运动训练计划中，以作为补充。

本书开篇先说明柔韧性的基本原则，以便你随后去尝试柔韧性训练中的拉伸致胜体系。我们提供了一些易于掌握的拉伸训练计划，可以使你的运动表现立刻呈现出非常明显的进步。我们成千上万客户的反馈可以证实拉伸致胜体系的益处，训练之后，你应该会发现自身的爆发力、力量、耐力和柔韧性都达到了前所未有的水平。

此外，你还会发现意外受伤的风险显著降低，身体的各种疼痛症状减轻或消失。我们有一位客户名叫布赖恩·道金斯（Brian Dawkins），他曾是美国国家橄榄球联盟的中卫，参加了 16 个赛季的比赛，曾 9 次入选明星碗（Pro Bowl）球员。他说："我的教练和队友纷纷问我最近进行了什么不一样的训练，为什么赛场上的表现突飞猛进。我告诉他们，我通过拉伸致胜训练方案提升了我的运动表现。"现在，职业运动员和优秀运动员都开始采用拉伸致胜体系，因为大量临床证据证实该体系能够提高进行专项运动所需的柔韧性。1997 年，安·弗雷德里克在硕士论文中称拉伸致胜体系与传统拉伸相比，能显著扩大关节活动度（扩大 36% ~ 52%），且效果更持久。此后，我们一直在不断优化和改进拉伸致胜体系（事实上，在过去的 10 年里，运用这个体系，我们诊室的客户的柔韧性显著提升了 100% ~ 200%）。这可以保证我们的客户、学生和读者都能获得最新、最先进的拉伸信息和技巧，来改善自己的运动表现，并且降低受伤风险或减少手术后的恢复时间。

拉伸致胜体系符合现代的功能性成果训练理念。也就是说，采用拉伸致胜体系的训练计划，不仅可以提高关节活动度，而且可以提高灵活性。根据我们的经验，定制训练的效果最好。应该就特定运动或动作对柔韧性的要求进行分析，在此基础上实施定制的拉伸训练计划。

功能性拉伸训练能够直接提升运动员专项运动的运动表现。例如，百米短跑运动员和马拉松运动员的拉伸训练不同。由于短跑运动员的快肌纤维比例更高，因此神经系统和肌肉反应速度更快，这些快肌纤维从起跑到冲刺结束都有助于产生爆发力。与短跑运动员相比，马拉松运动员体内的慢肌纤维比例更高，这些慢肌纤维耐力更好，适合长时间的运动。在长跑过程中，马拉松运动员可以一直保持正确的身体姿势。

这两种运动项目的柔韧性训练计划还有一种差别，即对运动员的功能性关节活动度有不同的要求。短跑运动员起跑时需要在起跑架上下蹲，而马拉松运动员起跑时站在起跑线后。二者的动作速度都要快，但对短跑运动员的柔韧性要求更高。如果运动员结合根据专项运动的特殊原则制订的拉伸训练体系进行训练，自身的功能性柔韧性能达到最佳状态。

本书旨在为运动员和教练提供制订有效柔韧性训练计划的工具，帮助运动员在任何运动或活动中发挥出最佳水平。本书还有一个重要的目的，即向大家解答与拉伸和柔韧性训练及教学相关的一些问题，运用我们作为人体柔韧性训练专家多年的研究发现和训练成果来启发和激励读者。

在帮助你制订训练计划之前，我们先帮助你评估自己身体的灵活性，发现活动受限的身体部位，以便运动。确定不平衡和柔韧性不足的身体部位之后，可以尝试制订个性化的拉伸训练计划，以符合自身需求。实施适合自己需求的训练计划之后，你可以更快、更好地提升柔韧性和灵活性。第一次拉伸训练之后，身体的柔韧性和灵活性便会有明显的改善，持续 2 周之后，效果更好。

本书第 1 章简述了最佳柔韧性的 10 个基本原则，这是掌握拉伸致胜体系的理论基础。就像我们所进行的任何运动一样，首先必须掌握基础动作，才能取得进步。

第 2 章介绍柔韧性的解剖学和生理学原理，以解答运动、健身和康复领域的专业人士仍存在的疑惑。我们首先梳理了结缔组织系统的内容，该结缔组织系统又名筋膜。科学研究发现，人体其实是一个张力正常的筋膜网，此结构有助于以声速传送运动（以及其他许多必要的生命活动）信息。如果你有慢性疾病或久治不愈的身体症状，如身体紧绷、酸痛、僵硬、无力和行动迟缓，则说明你的筋膜处于失衡状态。在本书的后面，我们会提供这些问题的解决方案。

第 3 章运用新的筋膜研究成果来对弹性反冲、波动式运动和筋膜拉伸进行整合。这些是新一代体能训练和预防受伤的关键要点，而拉伸致胜体系包含了这些内容。

在第 4 章中，我们将柔韧性和运动联系起来，探讨基础动作评估和矫正的重要性，并将其视为实现最佳运动表现的基础。本章论述了核心灵活性对于提高核心稳定性的重要性，这一点往往被人们忽视。如果不能纠正教练或运动员对这个问题的错误认知，运动员整个职业生涯的表现水平就有可能受到影响。本章还探讨了柔韧性对力量、爆发力和速度等运动素质的影响，以及柔韧性训练对运动表现的影响。

第 5 章教会你利用筋膜灵活性评估（FMA）来评估自身柔韧性，指导你运用前文的信息，帮助你找出一直阻碍你运动表现提升的确切问题。根据 FMA 发现的问题，本章将指导你围绕自身需求来制订常规拉伸训练计划。你将了解如何评估阻碍你实现运动目标的问题，学会如何保持运动表现的最高水平。此外，你还将学习如何避免受伤以及如何从伤病中快速恢复。

第 6 章针对在个人评估中发现的不平衡问题提供相应的矫正方案。你也可以直接进行本章介绍的恢复性拉伸训练，这将帮助你从高强度的训练和比赛中快速恢复，训练和比赛经常会造成单侧紧张和不对称的压力。对于过度训练或过度负荷造成的轻伤，这些训练计划也能帮助你恢复。此外，采用本章中的训练计划，你还能够防止轻伤发展成重伤。

在第 7 章中，我们提供了能在 1 小时之内完成的动态拉伸训练计划。这些训练计划由大多数运动中常见的主要动作模式构成。你可以进行全部练习，也可以只选择针对特定身体部位的拉伸训练。

第 8 章展示了利用辅助拉伸帮助优秀运动员和职业运动员将运动表现提升到最佳水平的方法。本章的内容适合运动、健身和康复领域的专业人士，可以帮助他们寻找有效的方法来进行拉伸。第 8 章也适合想要了解辅助拉伸的人士阅读。

本书反映了我们对拉伸和柔韧性训练的热爱。利用多年来和客户一起积累的各种知识，可以帮助读者显著提高身体柔韧性。本书中的拉伸训练高效，可以节约你的时间，不用依赖专业人士减轻身体的疼痛；可以为你节约金钱；还可以帮助你实现自己的运动目标，使你不断获得成就感和愉悦感，让你更加享受训练，更加乐于参加训练和运动，从而形成良性循环。为了实现终极运动目标，开启你的拉伸致胜之旅吧！

第 1 章

柔韧性的基本原则

作为医生、导师和教练，结合过去 50 多年来的亲身经历、研究、学习和专业实践，我们总结了以下 10 个基本原则，据以构成了拉伸致胜体系的理论基础。

原则 1：调节呼吸，使呼吸与拉伸同步。

原则 2：调节神经系统适应拉伸。

原则 3：以正确的顺序进行拉伸。

原则 4：在不引起疼痛的前提下进行拉伸。

原则 5：拉伸筋膜，而不仅仅拉伸肌肉。

原则 6：采用多平面的拉伸运动方式。

原则 7：拉伸时扩大关节活动度。

原则 8：利用牵引进行最大限度的拉伸。

原则 9：利用阻力达到最佳拉伸效果。

原则 10：根据目标调整拉伸参数。

这 10 个原则构成了我们整个理论体系的核心部分。与我们的身体系统一样，这些原则以一种非线性的方式共同运作。因此，其排序不是最重要的，也无须严格地按顺序拉伸。相反，应该使用多层次的方法，即从最深层、最简单的运动层次（呼吸）到最复杂的运动层次（多平面动作），对这些原则进行组织和整合，来帮助你实现运动目标。其中，筋膜是软结缔组织系统，遍布整个人体并形成一个连续的张力网络（见图 1.1）。它连接皮肤、每块肌肉、每个器官和每条神经（Schleip and Muller, 2012）。这也是本书中将其称为筋膜网的原因。关节囊是一种分化的筋膜，覆盖所有关节，调节关节韧带并与关节韧带共同发挥功能，有助于包含关节内的液体（见图 1.2）。

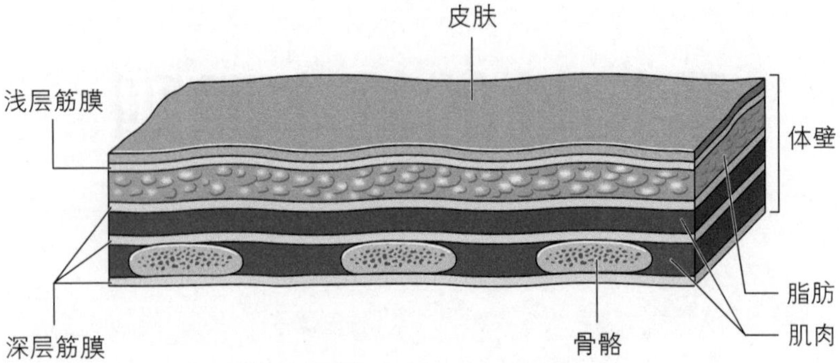

图 1.1 筋膜是连接皮肤、肌肉、器官和神经的大面积网状结缔组织

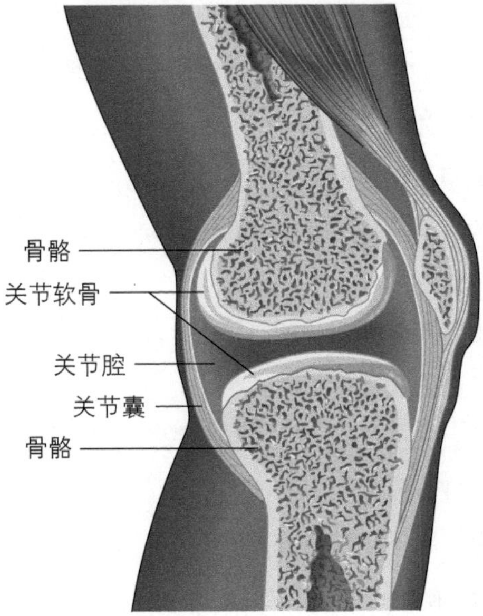

图 1.2 关节囊由位于身体最深层的筋膜构成，连接关节、韧带和骨膜（骨骼筋膜）

现在，让我们来详细了解 10 个基本原则的内容，这些原则构成了柔韧性训练计划的基础。

原则 1：调节呼吸，使呼吸与拉伸动作同步

运动员都了解呼吸的重要性。一个人的呼吸方式会影响他的精神、情绪和生理状态。任何尝试投球、用弓箭和枪进行射击并击中目标的人都能够明白，调节呼吸节奏对准确命中目标的重要性。

呼吸会影响肌肉张力。例如，睡眠呼吸暂停（呼吸暂停导致的睡眠暂停）与上呼吸道的肌肉张力低下或减退有关。再如，对贝类或蜜蜂叮咬过敏，会导致肌肉张力增加，气道肿胀，出现过敏性休克甚至死亡。无论是这两种情况中的哪一种，肌肉张力异常都会严重阻碍正常的呼吸功能，引发不良后果。

在许多运动中，如高尔夫球，我们应该放松自己，如果在准备击球入洞时快速呼吸，会让我们难以集中注意力去完成当前的击球动作。反之，如果在准备 100 米赛跑或游泳冲刺时选择缓慢地呼吸，就无法对发令枪做出恰当的反应，进行有效的起跑或冲刺。上述两种情况，都是因为不恰当的呼吸技巧对运动表现造成了负面影响。

呼吸与运动表现之间的实际联系是怎样的呢？为了从根本上说明这两者之间的联系，请尝试下面几个简单的动作：

1. 两腿分开与髋同宽，双脚平行站立；
2. 将重心落在足弓的中间，确保身体重心不位于脚跟或脚趾上；
3. 双膝微屈，大腿保持放松，不产生张力；
4. 想象自己的尾椎骨下降到地上，而头部漂浮在天花板上；
5. 闭上双眼，感受腹部随着每一次吸气放松地膨胀，随着每一次呼气放松地收紧；
6. 仔细感觉身体任何部位的紧张、不适或疼痛，然后继续恢复到与之前相同的呼吸状态；随着每一次呼吸动作，感受呼吸越来越深、身体越来越放松；
7. 保持这种状态，计数 10 个，每一个计数都是一次完整、缓慢的吸气和呼气循环。

我们的客户尝试了这种简单的意识练习之后，反响非常热烈。客户反馈如下：“我以前从不知道我的身体这么紧绷！”“我从不知道放松身体这么难，为什么我

不能放松呢？”“我的肩膀本来有点疼，做完这个练习之后，肩膀不疼啦！”从这组简单的练习中，客户了解到自己身体的某些部位累积了不必要的张力。更重要的是，通过专门的指导，客户学会了如何快速地释放肌肉张力。

通过这组练习，呼吸与身体状态之间的基本联系变得显而易见，并且为今后运用更高级、更专业的呼吸方式奠定了基础。例如，你可以运用在呼吸练习中学到的经验对不同的拉伸节奏做出反应，以达到不同的柔韧性训练效果。具体练习方法详见第 3 章。

我们在观察中发现，学习呼吸影响肌肉张力的知识，获取相关经验，并将其运用于拉伸训练获得的效果要大大优于学习之前的效果。这是因为通过同步呼吸（以及其他 9 条原则），我们可以准确地评估身体的当前状态，并在特定的时机对这种状态做出反应。你已经意识到身体内存在不必要的、使运动受限的张力，并在一次完整的呼吸循环之内释放张力。根据这个原理，你可以在睡前用很少的时间做简单的拉伸系列动作（详见原则 3），快速有效地恢复身体柔韧性。这样可以帮助你放松并释放一天中所累积的身体张力和紧绷感，通过一整夜的睡眠恢复，用最佳水平的柔韧性完成第二天的活动。

进行恢复性拉伸时，我们的客户按照前面的提示，将注意力放在呼吸上面，而不是在拉伸时强调计数，这样的拉伸效果更好。我们用这种方式协调呼吸和拉伸动作，可以注意到身体的某些部位需要较短的时间来缓解紧绷感，而其他部位则需要更长的时间来缓解紧绷感。当你完全掌握了运用合理的呼吸技巧协调各种身体部位的方法后（详见第 3 章），将会发现自己在田径运动场、高尔夫球场、滑雪场以及日常生活中，运动能力有了大幅提升。

原则 2：调节神经系统适应拉伸

调节神经系统，意味着通过上调（增加）运动量，下调（缩短）身体恢复时间来提高身体柔韧性，以获得最佳的运动成绩。换言之，在运动之前和之后，你可以增强或减弱神经系统的反应能力。这也意味着运动前的柔韧性训练（又称热身练习）完全不同于运动后的柔韧性训练（又称放松练习）。

是否需要拉伸，一直是一个有争议的问题。支持拉伸和反对拉伸的研究和报道都不少。然而，在实践中我们发现，这并不是一个做或者不做的问题，而是一个在什么时候、采用什么恰当的方式去做的问题。尽管训练目标和参赛项目各不相同，但在进行充分的全身运动之前，适当的热身是有必要的，这一点在运动科学和运动医学领域属于常识。如果你正在参加比赛或即将参加比赛，在进行全身运动之前的一般热身准备活动时，应该对神经系统进行上调，采用呼吸和拉伸同步的运动方式，促进肌肉内氧气和血液流动，增加身体和意识的关注度和警觉性。一般情况下，具有上述特征的拉伸动作通常被称为**动态拉伸**，本书中也将其称为**快速波动式拉伸**，更多内容详见第 3 章。

与之相反，运动之后是恢复或复原身体柔韧性的时间。比赛时高度的精神紧张和高强度的身体活动，会令人感到不适，肌肉酸痛且像打结的绳子一样紧绷，这种感觉往往出现在运动后的放松阶段，通常在运动后的 24 ~ 36 小时内最为明显。还有一种情况是在运动后感到腹股沟或腘绳肌紧绷，行走困难、缓慢。无论出现以上哪一种情况，我们都要进行拉伸，目的是尽快恢复柔韧性，使身体在第二天早晨起来之后恢复轻松灵活的状态，准备好再次运动。

为了实现上述目标，过去规定采用**静态拉伸**，即在规定的时间内保持一种拉伸姿势。你可能想以较慢的速度同步呼吸节奏和拉伸动作，来调节神经系统，并逐渐增大动作幅度，保持比运动前更长的热身时间。我们的拉伸致胜体系就是运用这种方式去提高柔韧性的，即**缓慢的波动式拉伸**。这种拉伸方式要求下调神经系统，更多细节详见第 3 章。

临床经验告诉我们，调节神经系统适应目前的情况，可以提高身体在所有训练和运动中的反应能力，减少或避免受伤。这方面的内容详见第 3 章。

原则 3：以正确的顺序进行拉伸

作为一名专业舞者和武术运动的参与者，经过 50 多年积累的经验，以及数以千计的客户的拉伸经历告诉我，遵循特定的拉伸顺序，将会获得极佳的拉伸效果。当然也有极个别的例外，但是遵循我们在本书中介绍的顺序，结合自身的最佳本体感觉，将会制订出一个有效的拉伸计划。

我们发现，一般情况下，应该首先拉伸关节囊，然后拉伸靠近关节囊的深层肌肉，最后拉伸连接两个或两个以上关节的表层肌肉。与不按这个顺序实施的拉伸相比，按照这个顺序拉伸可更有效地提高身体柔韧性。形成这个差异的原因复杂多样，包括中枢和周围神经系统的多方面效应，通俗地说，就是放松或缓解身体深层受限的组织结构，导致身体发生一系列条件反射和生化反应，激发其他身体部位对拉伸做出深层反应。这方面的更多细节详见第2章和第3章。

大多数运动员都有髋关节紧绷或活动性差的问题。这是限制身体的柔韧性，尤其是降低下肢运动效率的首要因素，同时也是主要的因素。这种问题的常见示例是仰卧时，双手抱紧膝盖拉向胸前，如果髋部或腹股沟感到压痛，则表明髋关节受到了压迫。这种压迫感可能是炎症造成的，但大多数情况下是因为髋关节囊和髋部屈肌紧绷（详见原则7），髋关节的两个相反表面受到了异常的压迫，从而限制了运动。如果继续忽视这种看似无关紧要的症状，很可能会发展成髋关节炎。相比一般人，这种现象更多见于运动员。幸运的是，针对这些部位进行拉伸，可以及时地缓解这些症状。

一旦关节囊和单关节肌肉的柔韧性提高，那么多关节肌肉将得到更有效的拉伸，因为由里及表、由短及长是肌肉层和结缔组织的生理活动顺序。

另一种合理拉伸顺序是优先拉伸因严重紧绷而抑制关节正常功能的对侧肌肉。在所有**功能性运动**过程中，主动肌和辅助肌都有参与，辅助肌又称为**协同肌**。主动肌和协同肌通常共同运作（或协同运动），但在有些情况下，例如柔韧性不平衡、受伤及某些本书未提及的其他情况下，协同肌会替代主动肌承担更多的运动负荷。当主动肌不工作时，协同肌会接替主动肌运动。

一个常见的示例，即髋部屈肌过度紧绷，抑制了髋部伸肌的正常收缩。髋部伸肌或臀肌不能正常地完成动作时，腘绳肌会承担额外的运动负荷。因为腘绳肌是辅助臀肌伸展髋部的协同肌，在这种情况下，腘绳肌转换成为主动肌。由于额外的运动负荷超出了肌肉承担范围，腘绳肌常常出现紧绷或撕裂的情况。通过恰当的拉伸（此处指髋部屈肌）可以消除过度的紧绷感，由于被抑制而变弱的肌肉（此处指髋部伸肌或臀肌）恢复强壮有力的状态，协同肌（腘绳肌）不再紧绷。

原则4：在不引起疼痛的前提下进行拉伸

任何情况下，拉伸都不应当引起疼痛。如果拉伸引起疼痛，往往是因为拉伸动作撕裂了健康的组织，迫使其超出了柔韧性上限。一旦发生这种情况，随着创伤组织的增多，运动表现会变差。

我们发现，运动场上柔韧性和运动表现的显著提升都是在平静、放松和笃定的状态下产生的。在这种状态下，通过两次辅助拉伸训练，我们发现之前紧绷程度最高的运动员，其柔韧性显著提高了50%～100%（用角度计测量度数，并在骨骼位置上做视觉标记），期间并未出现疼痛感。因此，只要掌握了这 10 个原则，并且在训练中不断运用这些原则，随着自我拉伸的进行，身体的灵活性会显著提高，而且身体不会出现疼痛感。

如果拉伸后身体感觉紧绷或酸痛，很可能是因为拉伸强度太大、呼吸节奏不正确、拉伸动作不恰当或不符合自身目标。事实上，一部分新客户的反馈说明了一些运动员拒绝拉伸，是因为他们发现拉伸之后身体更加紧绷，而不是放松。对于这种拉伸结果，竞技运动员当然无法接受。那么，应如何有效地避免这种结果呢？

扩大关节活动度（ROM），又不引起疼痛的重点在于，了解如何在完成拉伸动作之后放松身体，以避免产生所谓的反弹效应（紧绷效应）。反弹效应指刚刚拉伸过的肌肉又立即变得紧绷。这种反弹效应往往出现得较为突然，常出现在较长时间地拉伸某个肌肉之后，也会出现在强度更高、更深层次的拉伸过程中。突然或者快速拉伸会引起肌肉突然收缩或痉挛，这是身体为避免受到损伤做出的本能反应。拉伸动作强度太大或保持时间过长，同样会导致出现反弹效应，并引起肌肉酸痛。

拉伸后经常出现反弹效应，在某种程度上是对拉伸的否定，说明拉伸没有达到预期效果（整体柔韧性没有什么变化），结果与投入的时间无法匹配。这是一种非常常见的情况，我们已经听到很多新客户抱怨拉伸没有任何效果。

试试下面针对反弹效应的简单练习（如果怀疑脊椎受伤或确定脊椎有伤，尤其是神经和椎间盘受伤，请不要尝试此练习）：

- 站立，双脚分开与髋部同宽；
- 眼睛平视前方，身体慢慢地向一侧倾斜，手臂向地面自然下垂，不要尝试伸展手臂触碰地面；
- 慢慢起身，恢复初始姿势，并注意你是如何激活刚刚伸展的肌肉的。

如果你仅通过反向拉伸动作，起身恢复直立姿势，那么你正在尝试放松的肌纤维又会重新收缩，拉伸动作所带来的效果也会立刻被抵消。因此，你需要学习如何恢复初始姿势，避免拉伸肌肉重新变得紧绷，从而在不引起疼痛的前提下，达到最佳拉伸效果，扩大关节活动度。请尝试修改之前的练习：

- 重复之前的拉伸动作，但不要起身恢复初始姿势，视线朝向地面，身体继续缓慢向前弯曲，直至双臂在身体前方自然下垂，膝盖略微弯曲；
- 使用臀肌和背部肌肉，慢慢起身，恢复初始姿势。

此原则始终适用于第 6 章到第 8 章的所有运动和拉伸训练计划。

原则 5：拉伸筋膜，而不仅仅拉伸肌肉

这是我们需要掌握的重要的原则之一，具体原因如下：

- 大多数重复性肌肉拉伤（甚至是肌肉撕裂）出现在肌肉的胶原结缔组织中，例如肌腱、韧带或关节囊；
- 传统肌肉训练方法会涉及相关的结缔组织，但是拉伸方式通常不针对特定的组织，达不到最佳拉伸效果；
- 在运动科学领域，有证据表明，人们较少关注结缔组织的特定训练。

运动中的大多数常见损伤是由重复性拉伤造成的。然而传统训练方式不能很好地解决结缔组织或筋膜的问题，因此本书将填补这一空缺，关注人体筋膜柔韧性和灵活性的评估、纠正和训练。

筋膜，通常被视为人体的张力网络，而拉伸是有效调节身体任何部位张力和压力的方式，能使身体在运动中保持正确的姿势并保持平衡。大脑通过运动模式激活人体的功能系统，人体内的所有肌肉通过筋膜网联系在一起。因此，我们在本书中详细介绍筋膜拉伸的方法，以便保持身体的各种平衡功能。

原则 6：采用多平面的拉伸运动方式

只有对运动姿势、步态、柔韧性、力量，以及其他与运动相关的功能性指标进行三个维度的精准评估，教练和理疗师才能根据客观信息来制订最佳拉伸训练计划，提升运动表现并促进受伤后的身体尽快恢复。教练或理疗师从正面、两侧和背面观察你的下蹲方式，就是一个简单的三维评估案例。从不同视角观察，观察结果会不同。所有观察结果结合起来将有助于精确地了解你的下蹲方式。

即使没有专业评估，每个人从三维视角来理解运动，也可以提高运动能力，减少受伤风险。拉伸时应采用多平面运动方式，然后将身体三个平面（矢状面、冠状面和水平面）的运动经验，与你参与运动的专项训练相结合（见第 3 章和第 4 章）。

即使是职业运动员，也会没有规律地随意拉伸，这会加剧已有的肌肉不平衡状态，这种现象屡见不鲜。如果有一侧手臂或腿部比另一侧更紧绷，但在拉伸时对此没有特别注意，而是两侧发相同力拉伸，那么这只能提高手臂或腿部的**相对柔韧性**（关节活动度），这可以从任何训练、比赛或拉伸动作中轻松自然地获得提高。例如，如果运动员感觉右侧股四头肌更紧绷，而以相同的强度、持续时间和频率拉伸

两侧股四头肌，那么拉伸之后，右侧股四头肌仍然有可能比左侧更紧绷。这是因为左侧股四头肌的柔韧性高于右侧，对拉伸的反应更灵敏，拉伸进行得更轻松。因为该运动员没有针对更紧绷的右侧来调整其拉伸参数，没有考虑其更小的关节活动度，所以，两侧股四头肌的相对柔韧性因为拉伸都得到了提高，但是两者之间的不平衡状态仍然存在。

通过专业人士的精确评估，可以揭示不平衡的原因。我们也可以在日常活动、体能训练和运动比赛中对身体的多平面运动进行评估和反思（见第 5 章），从而自己发现不平衡的原因。自我分析之后，你就能够明白，多平面拉伸的完成与你在运动中的移动方式直接相关，即应增加不同角度的拉伸动作，来充分利用某些关节所特有的灵活性。拉伸时将多角度拉伸与其他拉伸技巧相结合，例如对肌筋膜的起点和止点额外加大力度，能够达到个人预期效果。关注预期效果的目的是使身体在恰当的时间完成所需要的动作。只要遵循本书中的 10 个原则，我们就可以倾听身体发出的信号，获知身体的需求。这样做才不会使身体的一些小问题发展成大问题，运动表现也将越来越好。

原则 7：拉伸时扩大关节活动度

关节囊是包裹关节的一种筋膜，连接关节各个侧面的韧带和骨骼（请查看前文图 1.2，关节囊的图解）。托马斯 · 迈尔斯（Thomas Myers）是我们的同事和结构整合教师，他通过解剖、剥离，证实筋膜组织以一种连续的、深层的方式连接关节囊及其韧带和骨筋膜（例如骨膜），并与周围的肌腱和肌肉相连，继续连接下一个肌腱和骨骼，然后再连接下一个关节的韧带和关节囊。这种重复的筋膜连接结构（迈尔斯将其称为线条、行列，我们将其称为网络）覆盖了整个身体。例如，脚底紧绷感可以通过背面筋膜网上行至头骨，可能引发全身任一部位出现一系列的症状和疼痛。因为关节和关节囊位于所述筋膜网的最深层，所以关节囊的状况影响连接各个关节的筋膜网的状况。

大约一半的健康人会出现关节活动度不足，这可能是关节囊紧绷造成的。因此，有必要了解如何使该结构保持最佳的灵活性。关节囊紧绷时，会倾向于附着在下面的骨骼上。与我们在职业运动员身上经常看到的情况一样，正常关节囊的柔韧性允许关节具有一定的活动范围，与之相反的是，紧绷的关节囊会限制关节活动度。当整个关节活动度受限时，肌肉的活动范围和柔韧性也会受限，因为肌肉连接骨骼，而骨骼通过关节连接另一根骨骼。如果肌肉的活动范围受限，人体会形成代偿机制继续运作。身体某些部位的关节灵活性会更高（**即高活动性关节**），以继续执行受限关节的功能。例如，如果 4 个肩部关节中的任一关节受限，则其他一个或多个关节会随着时间推移逐渐增强灵活性，以补偿受限关节。关节活动度受限的持续时间越长，身体对运动限制做出的代偿就越多。长此以往，代偿效应的累积会导致身体部位感觉疼痛，出现运动功能障碍，最终迫使运动员寻求专业人士的帮助。

我们在诊室中经常遇到的关节囊紧绷是髋关节囊紧绷。用运动员的话说，感觉髋关节被“卡住了”。髋关节囊紧绷将导致腿的长度功能性缩短，这是由于髋关节的可用空间较小，髋部骨骼活动空间减小。这种缩短效应还会出现在骶髂关节处。因为髋臼处骨骼无法在全部活动范围内活动，所以深层髋部屈肌和腰大肌会变得非常紧绷，造成运动受限。这对运动员的奔跑、跳跃或其他运动产生不利影响。长此以往，还有可能发展成髋关节滑囊炎、肌腱炎或关节炎。不过，通过在柔韧性训练计划中提高整个髋关节囊的柔韧性，可以避免或消除这些症状。

将关节囊纳入增强柔韧性的训练计划之中，首先应该了解这个关节的基本功能。以髋关节为例，我们需要了解髋关节是一种球窝（杵臼）关节，可以在各个方向上移动。拉伸时运用这一知识，意味着你了解如何针对所有主要活动方向来拉伸髋关节，从而使髋关节的功能性柔韧性最大化，以执行体育运动中所需要完成的复杂动作。针对髋部及身体其他部位的基本活动能力及矫正拉伸，全面的身体评估见第 5 章和第 6 章。在第 8 章的辅助拉伸中，我们根据髋关节活动性，提供了何时单独拉伸或禁止拉伸关节囊的指导原则。

原则 8：利用牵引进行最大限度的拉伸

通常情况下，拉伸就是将紧绷的身体组织拉长，不论这种组织是筋膜、肌肉、肌腱，还是韧带。当身体的某些组织被压缩或挤压到一起时，将这些组织拉长，这样做看上去是合理的。例如前面说到的髋关节，我们会设法通过牵引使某些组织之间产生更大的空隙。在原则 3 中，我们论述了拉伸的一般顺序，首先拉伸关节囊，然后拉伸横跨整个关节的较短肌肉，再拉伸其他肌肉和筋膜（第 2 章将详细论述这些内容）。因此，当评估客户的髋关节状况，发现关节囊紧绷及活动性低时，我们首先要做的就是运用牵引缓解这种紧绷状态。

以恰当的角度，合适的强度、持续时间和频率，对关节进行**手动纵向牵引**，是拉伸关节囊的理想方式。这种方式需要实施拉伸的医师自然牵拉客户的腿，使髋关节囊内部产生空隙（见第 8 章）。

通过循环运动和牵拉运动进行热身之后，关节囊对拉伸的反应加强，接下来的重点是牵拉附着在关节上的肌肉、筋膜或肌筋膜。无论关节囊发生积极还是消极的变化，最深层的肌筋膜都会对这些变化做出反应。相比跨越两个关节的肌肉，较深层的肌肉和筋膜长度较短，因此，较短肌肉的放松为迅速有效地放松较长肌肉创造了条件。综合运用牵引原则和多平面拉伸运动原则（原则 6），可以实现短肌肉放松带动长肌肉放松，从而将因紧绷而出现疼痛或者对运动表现有负面影响的任何组织进行最大限度地拉伸。我们介绍的是由专业人士进行手动牵引的方法，其实，只要我们能够综合运用其他九条原则，那么无须借助任何特定设备和他人的帮助，自己就可以成功地进行手动牵引。

拉伸的肌肉跨越两个或多个关节时，通过加入近端和远端的牵引，就可以从一端到另外一端完整地拉伸整个肌肉的肌筋膜。事实上，如原则 7 所述，在牵引那些通过与关节直接相连的肌肉的同时，拉伸连接关节更远端的筋膜链，可增强拉伸效果。这些增强的拉伸效果包括扩大拉伸区域的关节活动度，以及与无牵引的拉伸相比，身体整体柔韧性的提高效果更加持久。

总之，沿特定筋膜牵拉所有组织（包括关节囊、韧带、肌腱和肌肉）时，要最大限度地拉伸紧绷组织。应在不引起疼痛的前提下拉伸，注意遵循合理的拉伸顺序——由深层至表层组织进行拉伸。

原则 9：利用阻力达到最佳拉伸效果

运动科学和其他学科的研究证实了拉伸时运用特定的本体感神经肌肉易化法（PNF），可以在最短时间内明显扩大关节活动度。简而言之，PNF 是在 20 世纪 40 年代开发形成的一个完整的体系，其康复理念是运用神经反射的原理，来改善小儿麻痹症或其他神经障碍患者的身体功能。当时的研究验证了 PNF 对相关患者的疗效显著，之后开发的改进版 PNF 适用于运动员和想要提高柔韧性的人士。近期的研究结果表明，改进版 PNF 的具体技术，即**收缩－放松－拮抗－收缩**（CRAC）和**收缩－放松**（CR），这两种方法在提高柔韧性方面具有极佳的效果。我们通过研究发现，以改进版 PNF CR 拉伸为辅，结合运用特殊的固定带固定非拉伸侧肢体，会取得更好的拉伸效果，并且关节活动度得到更持久的改善（Frederick, 1997）。

辅助拉伸详见第 8 章。

PNF CR 拉伸没有运用我们现在探讨的内容（我们论述的技术名为 FST-PNF），而是运用了众所周知的神经反射，使身体能够利用各种机会来扩大关节活动度，并且与其他方式相比，拉伸对柔韧性的提高效果更加持久。

原则 10：根据目标调整拉伸参数

针对减少受伤概率和提升运动表现的个人目标，设定这些目标时要考虑特定的参数。这些参数本身要有一定的可变性，以便情况有变时能随时调整。例如，如果你今天感到身体紧绷、酸痛，就应该强调某些参数，在不增加拉伸强度的情况下增加拉伸频率和持续时长。这是因为你想要在不加大拉伸强度或受伤概率的情况下提高柔韧性，如果拉伸强度过大，就会导致身体受伤。或者，如果你今天感觉身体比较放松，则只需要进行简单的柔韧性训练，评估你的身体状态，确保身体的所有部位得到适度地放松。

制订训练计划的四个关键是确定训练计划每个部分的节奏、强度、持续时间和频率。在拉伸运动中，节奏指拉伸速度。拉伸强度指安全、轻松地达到最佳训练效果时的运动程度。拉伸持续时间指为了达到最高水平的柔韧性，每次实际拉伸的持续时间。拉伸频率是针对当前目标，为了达到最佳拉伸效果，在一天的训练过程中，多长时间重复一次拉伸动作序列。

如前文所述，在训练过程中，这些参数能够且应当根据不同的赛季、特定的身体和精神状态进行调整。赛季、运动状态等变量会影响参数的制订，对于拉伸的持续性和运动目标而言，因此，正确理解这些变量的运作原理至关重要。阅读本书第 5 章的相关评估内容之后，你会对这些参数有正确的理解，并且能够在当前的训练中高效地运用这些参数。

在第 2 章中，我们将探讨人体柔韧性和拉伸训练的解剖学和生理学原理。通过学习下一章的内容，你将会看到身体筋膜网的布局，这会让你更好地理解拉伸能够提升人体的运动表现的原因。

第 2 章

柔韧性的解剖学和生理学原理

在力量、体能和个人训练领域，**柔韧性**仅指运动范围。作为柔韧性研究领域的专家，我们对其进行了更精准的定义，这一定义适用于所有训练、健身活动或运动：

柔韧性是指能适应任何压力，在足够时间内完全恢复，以适应完成运动或应对生存威胁所需要的同等压力或任何新压力的能力。

这意味着对于那些想要在某项运动上取得优异成绩的运动员来说，他必须能够在生理、精神或情绪方面适应该项运动所带来的所有压力。当然，这种能力受运动员生理或运动能力方面的先决条件影响，例如天赋、力量、灵活性、协调能力、平衡能力、反应灵敏度、敏捷性和速度。同时，每项运动还需要运动员具备特有的视觉技能，例如在棒球运动中能快速追踪并击中快球的能力。运动员在其他健康因素方面（检测结果显示没有炎症标志物、激素水平适当以及没有其他营养不足问题）也必须要达到最佳状态。另外，如果起关键作用的心理因素或情绪因素（例如专注力、热情、自信和幸福感、对生存威胁的感知以及其他）没有达到最佳状态，运动员的表现也不会达到最佳状态（换言之，他们不在状态）。

在本章中，你将通过简单、实用的方法了解解剖学知识。这会使你更加准确地评估自己的身体是否存在灵活性受限和不平衡的问题；然后，可以更轻松地提高和恢复身体柔韧性，并纠正存在的问题。

筋膜是什么

第一届筋膜研究大会将筋膜定义为构成全身张力传递网络的所有胶原纤维结缔组织。筋膜还有一个定义，即位于神经系统外部，能够在身体内部和外部之间接收和传输信息，为全身提供信息的网络（Schleip et al., 2012）。过去的10年里，人们对筋膜这一相对新兴学科的研究呈指数增长。许多研究证据都支持运动员使用新的和更有效的筋膜训练方法。

对于运动员来说，筋膜意味着什么呢？可以看看下面的解释：

- **筋膜**是用于描述身体内所有结缔组织的常用词；
- 人体内分布较广的组织是筋膜；
- 筋膜连接并影响着人体内的各个系统。

由于筋膜在体内的普遍性和对整个身体的影响，筋膜出现问题会导致身体某个或多个方面出现问题。因此，为了使身体功能保持最佳状态，运动员有必要了解筋膜的常见问题、快速有效的解决方案以及训练指导方针。我们首先来讨论筋膜的结构或形态。

最佳柔韧性对筋膜灵活性的要求

本书致力于为运动员和健身爱好者（以及教练）提供可靠、行之有效的方法，帮助他们在体能训练、竞技比赛和体育活动中使身体的灵活性达到最佳状态。如果身体达到最佳灵活性状态，就可以改善运动表现、恢复身体功能并预防受伤。实现这一目标的有效方法，常常被力量、体能和个人训练领域忽视。仅仅进行肌肉训练是老派的做法，进行神经肌筋膜系统训练被视为更加有效的方法。这是因为大多数神经和肌肉骨骼系统由各种筋膜构成，这些系统通过筋膜与身体其他部位有广泛的直接和间接联系。我们将所有构成肌肉、骨骼和神经组织的结缔组织，简单地统称为筋膜系统（Schleip et al., 2012）。

筋膜的形态

人体内的筋膜结构或形态始终处于正常的张力状态。产生内部张力的原因之一是大气的正常压力。位于海平面高度时，人体必须持续抵抗每 6.5 平方厘米约 6.8 千克的大气压力。这一数值会随着天气、海拔和其他影响因素的变化而变化。筋膜处于正常张力状态下的另一个原因是重力对身体施加的额外向下压力。由此产生的重力加上运动活动和高强度的全年训练将身体所有组织向下或向内推拉。

人体能保持平衡，部分原因是相互连接的身体组织所展现出来的正常张力，这些身体组织包括筋膜、肌肉、韧带、肌腱、神经和器官。人体的骨架也具有平衡作用，通过将身体承受的部分压力传递到地面或触碰的其他物品，从而保持身体平衡。请想象一下，筋膜处于正常的张力状态下是因为筋膜被拉伸至骨骼，这样想象有助于正确了解筋膜。因为身体由有助于移动和稳定的组织构成，通过从内部（运动）或外部（生活、体育活动和训练）转移压力，所以人体通常被视为**张力平衡结构（张拉整体）**。建筑家和工程师巴克明斯特·富勒（Buckminster Fuller）在 20 世纪 60 年代提出了这个概念，用于描述人体张力。

张力平衡结构的一个简单例子就是网格状穹顶，例如体育馆和露营帐篷的穹顶。穹顶具有张力平衡结构，是因为这样的结构在只受重力影响而没有其他外力作用的情况下，能静态地保持相对形状（参见图 2.1a），并且当有外力作用时，能动态地保持相对形状（参见图 2.1b）。也就是说，穹顶通过有效地承受和分散这些外力，不会轻易地爆裂或分裂，可以在一定程度上“变形流动”。撤销外力后，穹顶基本可以恢复到作用力之前的状态。张力平衡结构具有极强的灵活性和

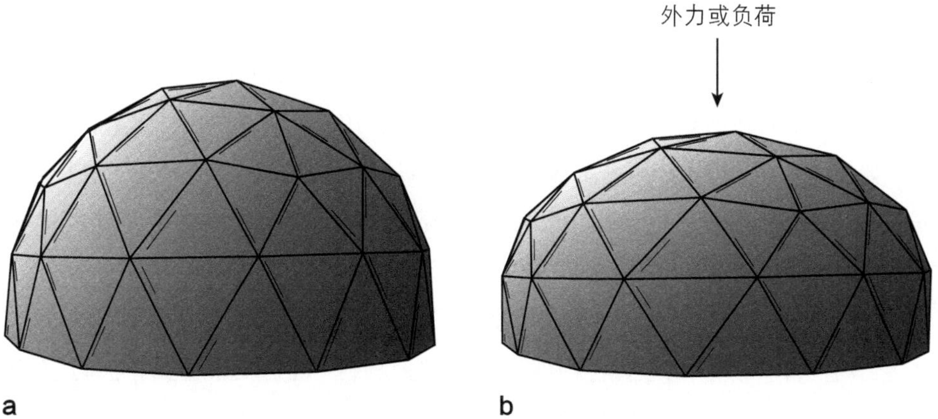

图 2.1 网格状穹顶

适应性。

相对于张力平衡结构，人体有一个类似但更优越的构造叫作**生物张力平衡结构**（Levin, 2006）。通过筋膜网，人体可以同时与身体所有细胞交流信号，统一指挥身体移动、改变姿态以适应当前状态。当我们坐着或者躺着时，我们的身体可以适应家具或者地板的表面形状并发生相应的变化。但是，如果长时间保持一种姿势不变，筋膜系统会因身体上或身体内的作用力总和，累积压力或张力，并且向大脑传递信号，提示改变姿势。如果我们经常保持一个姿势不动，例如久坐的工作人士，那么他的筋膜就会在长时间或持续承受压力和紧张的区域增厚。这种增厚是身体肌筋膜对压力和张力的自发反应。身体通过额外储存胶原蛋白的方式增加筋膜厚度，以增强身体组织对抗压力和张力的能力。遗憾的是，筋膜增厚会减弱其柔韧性。胶原蛋白并非最灵活、最柔韧的成分，创伤后的瘢痕就是例证。

下面一个例子可以说明身体适应碰撞与外部极大的冲击力或压力的方式。在美式橄榄球中，跑卫被埋在人堆下面，一个又一个球员的身体叠加在他身上。此时，由于生物张力平衡结构，跑卫的身体自动改变形状，不仅可作为冲击力的缓冲垫，而且将冲击力和压力分散传递到整个筋膜网，就像上述网格状穹顶将作用力分散到各部分一样。这有助于减弱很大一部分的作用力，避免外力累积而压垮身体组织，导致受伤。不过，人体会在反复承受压力和张力的部位储存胶原蛋白。无论人是否积极主动地参与运动，身体都倾向于一种自动反应，即对过大的压力和张力提供额外的胶原蛋白和瘢痕组织。当然，解决方法是常规的拉伸训练，通过常规的拉伸训练可以改善力量和其他方面的失衡状态。拉伸有助于以一种无序的方式重新排列沉积的胶原蛋白，还有助于胶原蛋白缩短并把组织拉向内部。

请想象一下，你全身都穿着运动员的紧身衣，同时穿了袜子，戴了紧身手套和面罩。现在，想象着去感受整个身体表面承受的压力。除了压力，你还会感受到一种与压力相等且方向相反的力，这种力叫作张力，用于抵抗作用在身体上的压力。

如前文所述，整个筋膜系统通常处于张力状态下。压力紧身衣是关于皮肤下方筋膜的一个简单而夸张的比喻。张力并没有穿过皮肤，就好像有人用胶带粘住你的皮肤并拉胶带的感觉；准确地说，张力垂直于皮肤。在由紧身衣覆盖的每一点上，都有各种张力抵消压力。当张力和压力对等并达到平衡时，筋膜处于稳定的状态。许多运动员喜欢紧身衣，这是因为紧身衣让他们感到更加稳定和强壮。希望这个例子能够帮助你理解筋膜是如何支撑身体内外保持稳定的。

现在，请想象你的紧身衣太紧，从而导致你的双脚颜色发生改变。这代表筋膜过于紧绷，身体的一部分或全身都有这样的感觉。如果运动员出现全身筋膜紧绷的现象，建议寻求柔韧性专家的帮助。经过筋膜拉伸疗法（FST；辅助拉伸、手动式运动拉伸）认证的专业人士能够帮助运动员更快速、更高效地提升身体的灵活性，而运动员可以通过第 6 章和第 7 章阐述的筋膜活动性训练体系来保持这种效果。

现在，请想象一下，你的紧身衣有些宽松。这代表筋膜的张力平衡结构失衡，使同一筋膜链的局部和远端部位不稳定，容易诱发代偿机制，从而导致拉伤、撕裂或其他损伤。筋膜呈现这种情况的运动员大多是初学者，或者是运动能力较强，但还没有掌握安全、成功地完成运动所需的力量、爆发力和稳定性的运动员。

筋膜间隔综合征

筋膜间隔综合征通常是受伤导致的流血或肿胀而引发的，指的是人体密闭空间内累积的压力。这种压力会干扰患处周围的血液流动，属于运动中常见的医学问题，需要立即就医。

筋膜间隔综合征是筋膜发炎的典型例子，这种发炎会引起过度的张力和压力，从而切断组织的血液供应而导致组织死亡。该病症常见于小腿，可以进行早期预防，但如果已经达到某个特定的临界点，则需要立即进行手术（筋膜切开术）。在这种情况下，外科医生会切开腿部来释放体内压力，有时也会移除瘢痕组织。运用本书中的训练项目保持筋膜的柔韧性、灵活性，将会帮助你预防该病症。

当论述筋膜的解剖学原理时，我们将采用术语“筋膜网”。现在，请想象筋膜网可能呈现的不同形态：厚或薄、开放或封闭、紧绷或宽松、柔韧性好或欠佳、干或湿。理想状态下，人体内的筋膜网应当处于平衡状态，不应当过于紧绷或过于宽松。但是在紧绷的部位会相对更紧绷一些（例如髂胫束），在宽松的部位会相对更宽松一些（例如处于放松状态下的腹部）。

对于大多数参加体育运动或高强度体能训练的运动员来说，身体的一些部位出现不平衡状况很常见，即某些部位过分紧绷但灵活性差，而某些部位过分宽松但稳定性差。以下是在运动中所出现的筋膜网不平衡的例子，拉伸致胜体系可以改善这些状况：

- 小腿筋膜紧绷导致的足底筋膜炎；
- 阔筋膜张肌（TFL）和股外侧肌紧绷导致的膝外侧或髌骨疼痛；
- 腰大肌紧绷导致的髋部挤压（撞击）；
- 髂腰肌筋膜紧绷导致的腰背部疼痛；
- 腰大肌紧绷导致的耐力和最大摄氧量欠佳；
- 髋部屈肌紧绷导致的核心肌肉无力；
- 胸小肌紧绷导致的肩袖肌群扭伤或肌腱炎；
- 关节囊和筋膜受压导致的颈部疼痛或活动受限。

在学习下一部分内容之前，让我们来总结一下筋膜的形态。筋膜就像是量身定制的紧身衣，它保持着适当的张力，能促进人体达到最佳稳定性和灵活性的状态。但是，如果筋膜过于紧绷或过于宽松，运动员的表现都将受到影响。

筋膜的功能

筋膜被描述为身体内最大的系统，因为它是身体内大多数结构的框架，包括细胞。筋膜能够到达并连接身体的其他主要系统，其中包括肌肉、骨骼、中枢神经系统和周围神经系统以及器官。筋膜这种广泛分布的结缔组织不仅能保持人体的结构稳定，维持身体平衡，而且还对人体的生理功能产生显著影响，从 DNA 合成和基因表达到面临生存威胁时大脑产生的光速反应，筋膜都参与其中，而且起主要作用。下面让我们从联系所有系统的通信者开始，来了解筋膜的功能。

筋膜——通信者

筋膜就像一系列连续的液态振动晶体，它们传递来自任何力或运动（无论大小）的机动信息，以驱动基本的生理过程，例如基因和激素调节。所有这些都要通过人体的生物张力平衡结构来完成。科学家研究发现，筋膜能够进行即时和同步通信，将日常生存和身体功能所必需的基本信息传递给体内的所有细胞。筋膜的通信功能会通过运动得到维持和加强，从而促进身体健康和运动表现达到最佳状态。

全身的主动运动以及身体放松时细胞的细微运动，都会刺激全身的通信系统达到最快速度和最高效率，这些都要通过筋膜。实际上，在运动和训练过程中，施加于身体表面和内部的物理力会以 1100 千米/时的速度，以机械振动的形式传遍全身。这个速度比神经系统运转的速度快 3 倍。在这样的速度下，你的身体几乎可以立即做出调整，根据需要停止、开始运动和改变方向。尽管神经系统比筋膜的反应速度慢，但研究表明，二者之间有非常重要的联系，可以共同运作。让人们感兴趣的是，筋膜系统与神经系统总是密切合作，以形成合适的运动模式，帮助人们进行日常活动以及从事复杂、要求高的体育运动。

筋膜——传输者

筋膜还被视为张力传输网络，这对运动员来说意味着什么呢？筋膜的众多功能之一就是将力量从肌肉传输至肌腱、骨骼或其他肌肉，这又被称为**肌筋膜力量传输**。这是运动员感兴趣的，因为筋膜传输力量时出现任何问题都会对以下方面产生负面影响：

- 运动素质，例如力量、稳定性、爆发力、速度、敏捷性和反应灵敏度；
- 感知身体及各部位的姿态、位置、方向和运动的能力，又叫作**本体感受**能力（大多数筋膜层中紧密分布着这些可以通过运动加以刺激的感受器）；
- 判断自己是否感觉良好的深层意识能力又叫作**内感**（筋膜中包含着许多感受器，可以通过运动刺激它们）；
- 日常功能性活动、训练和体育运动中合理的肌肉运动序列模式和控制。

全身筋膜网中出现任何问题，都会导致肌肉之间的力量传输出现问题，并且影响前文所述的所有因素，从而对运动表现产生负面影响。在下文中，拉伸致胜体系将为我们提供改善筋膜力量传输的解决方案。

筋膜——重塑者

筋膜是“一个相互连通的张力网络，能够根据局部张力的需求调整其纤维排列和密度”（Schleip, 2015a）。作用于筋膜上的功能性压力和张力会改变纤维组织的方向，并且在最佳状态下，刺激产生更多相同或不同类型的筋膜来支撑、加强、稳定或辅助运动。运动量过大（如过度训练）会对筋膜产生负面影响，例如导致炎症（如肌腱炎）、受伤（如撕裂），以及产生瘢痕组织，从而减弱肌肉功能和使运动表现变差。运动量太少会减弱筋膜支撑肌肉和神经系统功能的能力。综上所述，筋膜能够并且应当进行特定训练，这一点至今仍被健身和运动领域忽视。

研究表明，通常需要 6 到 24 个月的时间来进行彻底的筋膜改造（Schleip et al., 2012; Schleip, 2015a, 2015b）。尽管有这样的时限，筋膜仍会做出正确而迅速的反应以适应每日的压力、张力和特定训练，这一点符合我们迅速改善运动员的运动表现的经验（Schleip et al., 2012; Schleip and Muller 2012; Schleip, 2015a,

2015b）。拉伸致胜体系里的筋膜灵活性特定训练，是快速提高所有运动素质的有效方法之一，它能够使运动员在运动和体能训练中达到个人最佳状态，同时降低受伤的风险。

在学习下一部分内容之前，让我们总结一下筋膜的功能及其对运动员的意义：

- 筋膜是解剖学和生理学上能够触及身体所有其他系统的唯一系统（正因如此，我们将其称为网或网络）；
- 任何能对筋膜产生负面影响的因素都会对身体的其他系统产生负面影响；
- 筋膜与人体沟通的速度是神经系统的3倍，因此为了实现最佳运动功能，筋膜训练很有必要；
- 学习、感受和记忆运动的能力，大部分取决于体内本体感受系统的最佳功能状态，而本体感受系统的最佳功能状态很大程度上取决于对筋膜系统进行合理的训练和维护程度；
- 对于特定训练和疗法，筋膜会立即做出反应，改善效果会逐渐累积，从而引起长期变化。

功能性筋膜解剖学

本书后面会教你如何进行筋膜灵活性评估（FMA），在此之前，首先介绍一下功能性筋膜解剖学。这有助于你定位、理解和沟通（例如和理疗师或教练沟通）感到疼痛、不适或运动起来有难度的位置。相比详细解释 600 多块肌肉如何运作，我们会运用更简单易懂的功能性系统来解释紧密联系的人体运动链或网络。另外，大脑和神经系统与全身的运动模式共同运作，而不是与局部的、孤立的肌肉收缩共同运作。

我们的命名方式和解剖学参考基于功能性运动链系统，其起源为解剖列车®，解剖列车®绘制了整个人体的筋膜和肌筋膜（Myers, 2014）。我们对解剖列车®的创造者托马斯·迈尔斯（Thomas Myers）充满了感激和敬意，我们将解剖列车®的功能性说明称为筋膜运动网（FMNs）。

什么是筋膜运动网

筋膜运动网是一种解剖学视觉辅助工具，帮助人们轻松评估、定位和消除体内的问题。任何单一网络都是可延伸的、多层次的，可以向上、向下、向侧面、沿对角线或呈螺旋状地达到深层或浅层（Myers, 2014）。另外，请牢记，单一的网络从不会单独运作，在运动和日常生活中，它们都是同时被激活、共同运作的，程度的高低则取决于功能。以前的拉伸对你无效可能是因为你只拉伸了你**感觉**需要拉伸的部位，而没有拉伸真正需要拉伸的部位。

例如，拉伸腘绳肌可能没什么作用，拉伸之后，这个部位依然紧绷。这往往是因为你只知道症状（例如，你感到腘绳肌需要拉伸），而不了解原因（例如，除了腘绳肌以外，髋关节和髋关节周围的其他肌肉都很紧绷）。再看一个例子，拉伸肩部也没什么作用，当你进行对稳定性和灵活性有一定要求的活动（例如游泳、投掷）时，肩部依然感到疼痛、无力。出现这种情况往往是因为你的肩部肌肉对爆发力运动来说过于松弛、不够稳定，而且肩部上方、下方或对侧等附近的一些部位也可能限制运动。这会迫使这些限制肩部运动的部位加大运动幅度来代偿，以使整个筋膜网正常发挥功能。长此以往，长期累积的压力导致一些部位的筋膜网不够灵活（活动性不足），而该筋膜网的附近部位变得过于灵活（活动性过度）。

解决方案就是，首先，正确评估哪些部位不能灵活地活动，是局部（只涉及一个或几个筋膜网）还是全身（涉及全身大多数或所有筋膜网），并且只拉伸需要拉伸的部位。其次，重新评估，确保解决了所有问题。最后，正确地恢复训练，完成运动。这种方法有助于更快速地找到解决方案，往往能恰当地解决问题。

如前所述，运动和日常生活要求所有筋膜网在任何时间都能充分参与。这意味着筋膜网必须能拉伸、缩短或保持稳定。它们必须能适应极快的爆发力运动，如举重或短跑运动，以及在游泳、骑行和长跑等长距离运动中不断激活肌肉。

五大筋膜灵活性自我评估

了解筋膜网对于运动员来说很有帮助，因为它们简化了解剖学的知识原理，更易于自我评估，从而解决自身问题，确定需要注意预防受伤的部位。为了方便学习和可视化，站立时，你的筋膜网被分成了相连的肌肉和筋膜区域，它们大部分位于同一平面的垂直线上。在身体的背面，只有一层筋膜网；而在身体的正面，有两层筋膜网。体内有两层筋膜网的部位被划分为两部分：靠近皮肤的肌筋膜部分，叫作**浅层正面筋膜网**；靠近骨骼的肌筋膜部分，叫作**深层正面筋膜网**。

本节详细说明了身体每个部分的特定筋膜网，列出了主要的肌肉和相互连接的相关筋膜（一个肌肉-筋膜单元被称为肌筋膜，多个肌筋膜单元被称为**整体肌筋膜**）。图中绘制了筋膜网，并且显示出筋膜网内所有肌筋膜的具体位置。

本节列出每个特定筋膜网的常见问题和解决方案。但是请注意，关于筋膜灵活性评估的所有评估方法和解决方案的详细内容参见第 5 章。有了这些解决方案，就能够更加高效地了解并解决自身出现的许多运动表现和训练问题。

正面筋膜网

正面筋膜网由大多数位于同一平面内的相互连接的肌肉和筋膜构成，共分为两种：靠近皮肤的肌筋膜叫作**浅层正面筋膜网**，靠近骨骼的肌筋膜叫作**深层正面筋膜网**。

如果你是一个成天坐在办公桌前面的业余运动员，每周只在工作前后训练几次（例如大多数铁人三项运动员），那么你的颈部、肩部、胸部、髋部、膝盖或脚踝有很大的概率会出现活动受限的问题。

你的身体正面往往会收缩、紧绷，并在弯曲部位（例如关节处）以及沿重力线横跨或悬挂在这些关节的肌膜上产生卡压。这容易导致身体的这些部位患上肌腱炎或出现肌腱退化。而身体背部会产生代偿，倾向于拉长和弱化。这会导致身体的核心、脊柱和其他部位不平衡或不稳定。通过自我肌筋膜放松（SMFR），可以很轻松地调节浅层筋膜，因此可以调整浅层肌筋膜的长度和张力关系。自我肌筋膜放松用于描述多种手法治疗，向体内受限组织的各个方向施加手动压力，以便恢复正常的**功能灵活性**。

自我肌筋膜放松是一种自我护理方式，运用了一个或多个辅助工具来恢复灵活性。这种疗法有助于消除许多对运动产生负面影响的局部活动限制。

活动受限的深层筋膜网更难触及，尤其是活动受限的肩部（例如关节囊、胸小肌）和髋部（例如关节囊、髂肌和腰大肌），脊柱的深层结构（例如椎间盘）变得脆弱、易受伤。虽然自我肌筋膜放松对于这些部位具有一定的效果，但是拉伸训练必须聚焦于恢复其灵活性和功能。

没有久坐的运动员一般不会在浅层筋膜出现这样的问题。但是，过度训练会导致深层正面筋膜网出现严重的活动受限。例如，职业足球运动员的肩部和髋部深层正面筋膜网活动受限，导致在站立姿势下无法做具有爆发力的动作。

后面的内容涉及筋膜灵活性障碍，显示了正面筋膜网的关键部位，聚焦于改善整个筋膜网或任意一部分筋膜网的灵活性。正面筋膜网参见图 2.2 和图 2.3。

背面筋膜网

背面筋膜网主要由位于同一浅层或平面内的相互连接的肌肉和筋膜构成。但是请注意，脊柱周围还有更深层的组织。出于实际考虑，我们在本书的自我评估和治疗中没有介绍这些内容。

从事特定体育项目的运动员由于脊柱进行重复性、功能性的运动姿势，他们的背面筋膜网倾向于缩短、紧绷。其他项目运动员（如自行车运动员）出现的问题恰好相反，他们需要增强背面筋膜网以抵消正面筋膜网的拉伸。背面筋膜网参见图 2.4。

侧面筋膜网

侧面筋膜网主要由位于身体侧面及周围的同一平面和同一层的相互连接的肌肉和筋膜构成。比起全身过于紧绷或过于松弛的运动员来说，左右不平衡的运动员更容易受伤。因此，在赛季开始前认识到身体内存在不平衡问题就显得至关重要。身体不平衡常见于侧面筋膜网，它会对运动表现产生负面影响，包括腿长不一样，一只脚比另一只脚更明显地旋后或旋前，一侧肩膀低于另一侧，一侧髋部高于另一侧，或者头部倾斜。这些可能会导致多种症状，例如，髋部一侧疼痛、髂胫束综合征、膝盖侧面疼痛、脚踝一侧疼痛、一只脚疼痛。侧面筋膜网参见图 2.5。

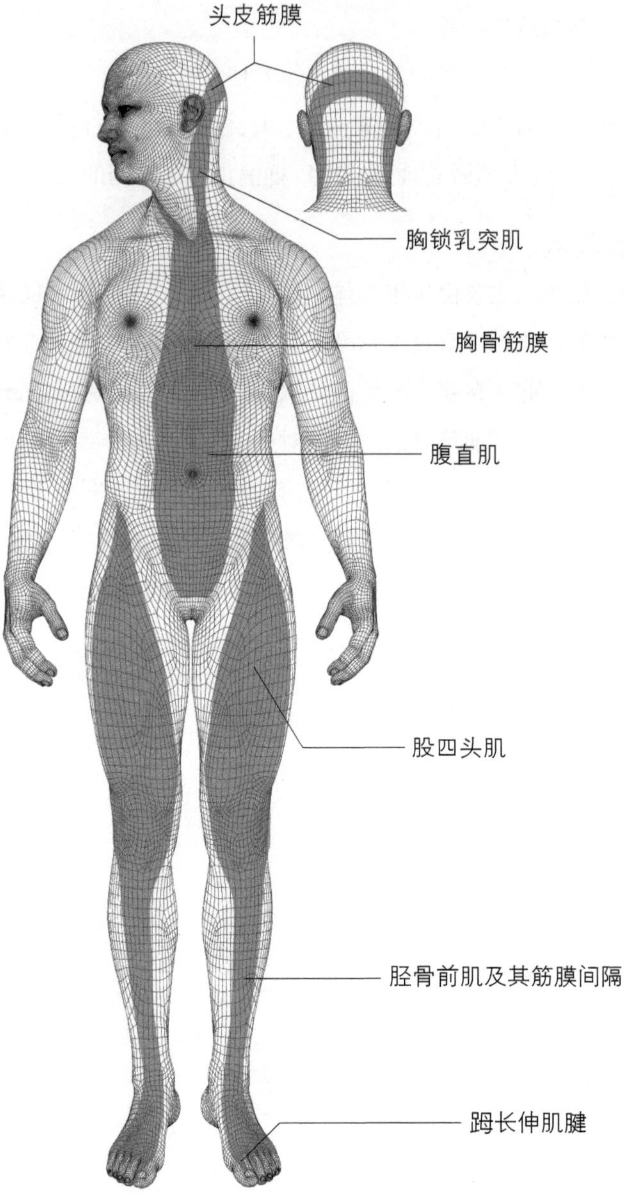

图 2.2 浅层正面筋膜网

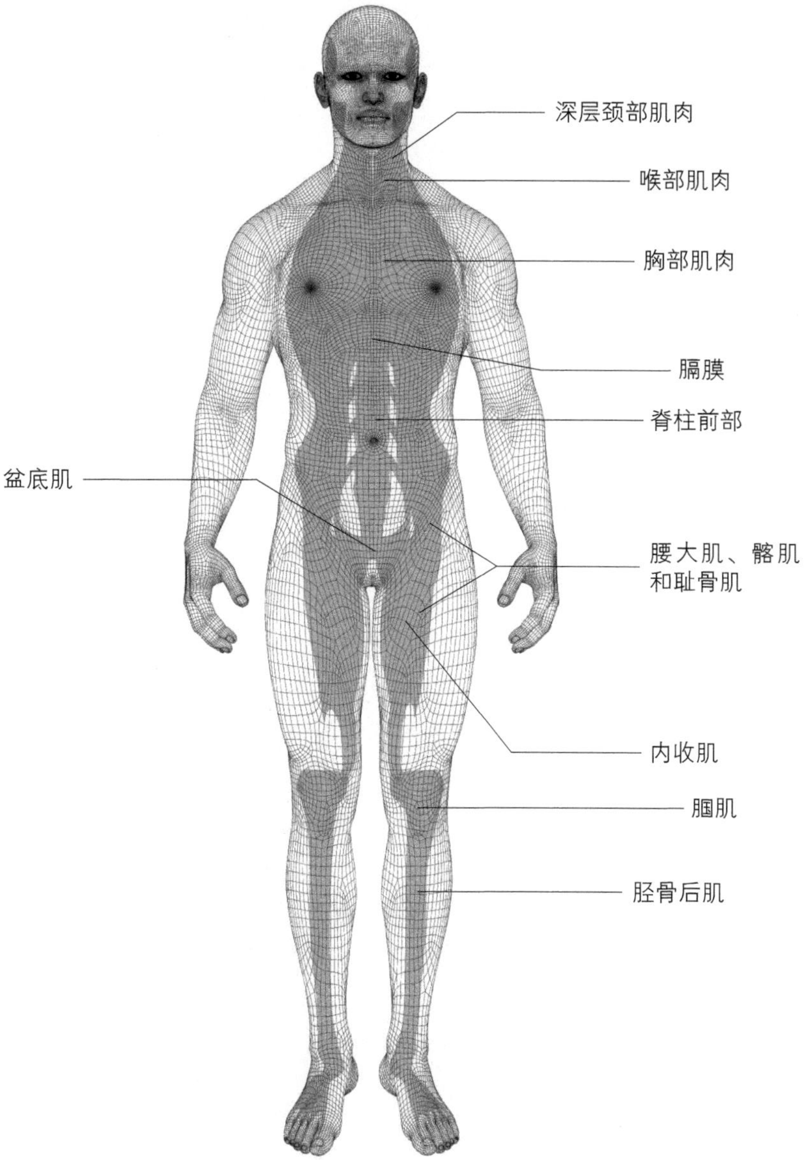

图 2.3 深层正面筋膜网

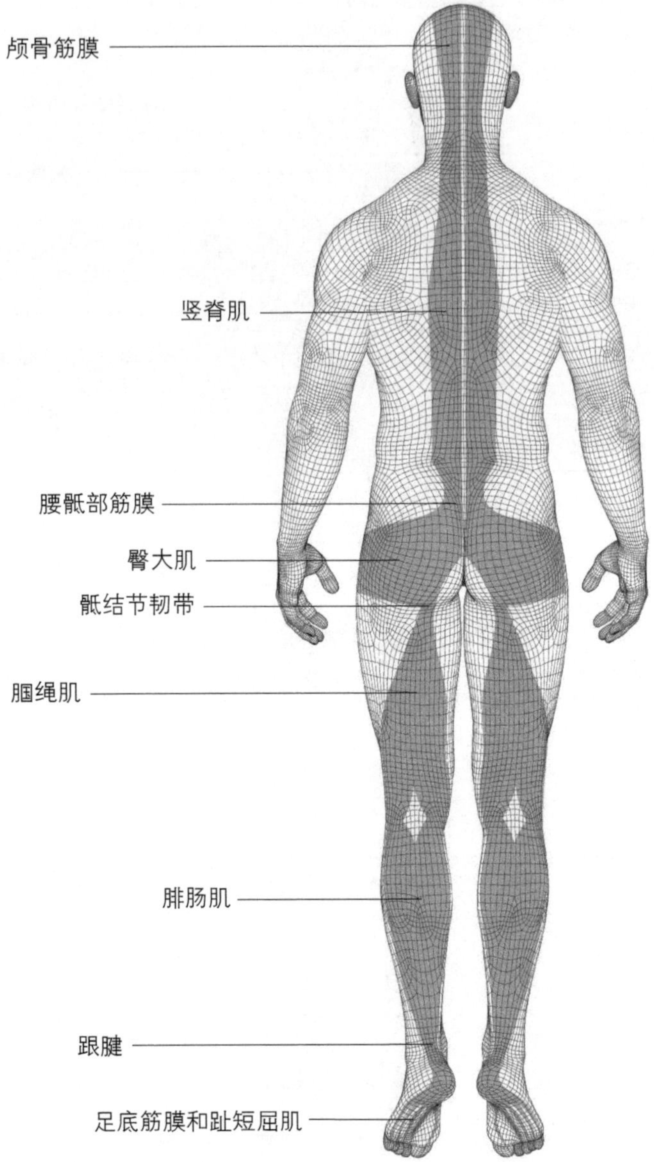

图 2.4 背面筋膜网

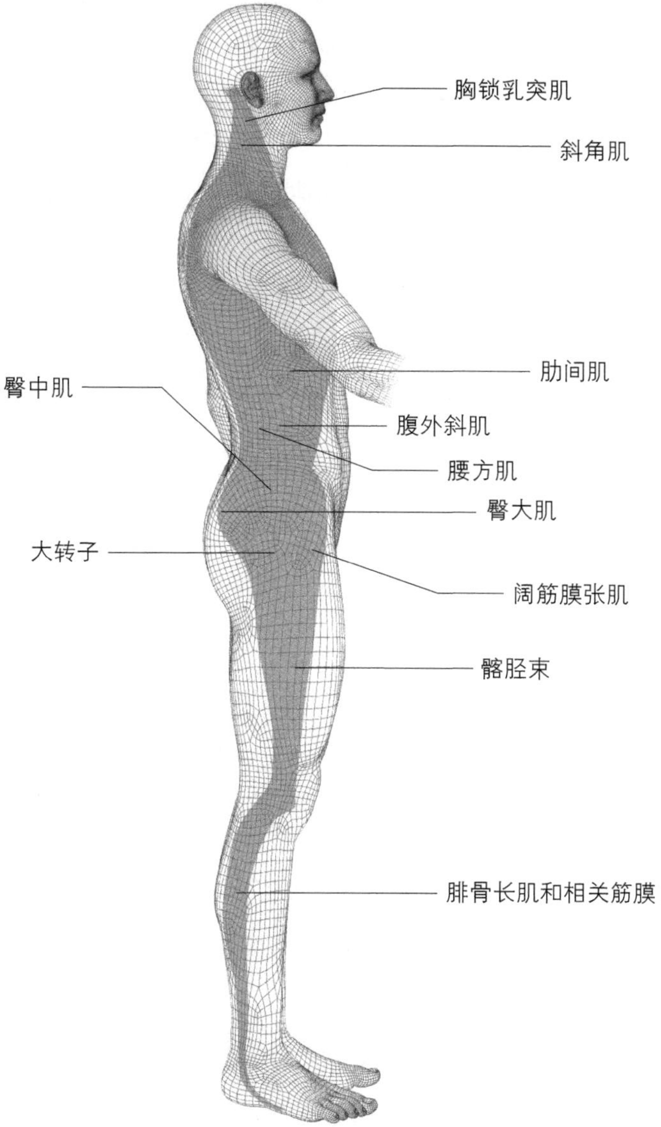

图 2.5 侧面筋膜网

爆发力筋膜网

爆发力筋膜网由 5 个相互联系的浅层筋膜网构成，包括正面爆发力筋膜网、背面爆发力筋膜网、位于身体两侧的两个侧面爆发力筋膜网和一个与姿势相关的深层爆发力筋膜网。从微观层面上讲，胶原蛋白是筋膜的一部分，赋予筋膜像弹簧一样的特性（例如，完成跳跃动作更多依赖跟腱卷曲，而不依赖腓肠肌和比目鱼肌）。从宏观层面上讲，筋膜网从螺旋状转换成幅度更大的卷曲状，这有助于产生快速爆发力和瞬时速度、提升敏捷性和变向能力。因此，爆发力筋膜网与日常生活和体育运动中功能性运动所需的核心稳定性和灵活性关系密切。爆发力筋膜网保持中央平衡是其他筋膜网正常运作的基础。

因为运动时爆发力筋膜网会被调动起来，而不像其他筋膜网只保持静态姿势，所以爆发力筋膜网与运动有关。奔跑、投掷、接球和踢球等运动需要对侧双臂和双腿的力量沿着身体对角线呈螺旋状运作，是我们调动爆发力筋膜网的关键运动。在运动过程中，某些动作通常基于爆发力且是不可预测的，因此我们必须依靠灵活的、适应性强的身体组织发挥出强大的力量。人体的柔韧性和适应性是力量、灵活性、稳定性以及其他运动素质的基础。如果没有柔韧性，在以下常见状况中会面临更大的风险：

运动型疝气
腹股沟拉伤
腹部拉伤
腰背部、髋部或膝盖疼痛
肌肉撕裂
韧带撕裂
慢性肌腱炎
椎间盘突出

浅层爆发力筋膜网见图 2.6 ~ 图 2.8。

深层爆发力筋膜网（参见图 2.9）由排列成螺旋状的肌肉和筋膜构成；在我们看来，这是与其他爆发力筋膜网一起启动高水平灵活性时稳定身体的基础。

过度训练或不能保持恰当的柔韧性而导致身体不稳定、不平衡时，往往会出现以下状况：

运动时身体姿势不良
胸腔不平衡
下肢对齐不平衡
慢性阔筋膜张肌、髂胫束（简称 TEL–ITB）紧绷
核心力量和灵活性不平衡
腰椎、骨盆和髋部不平衡
外胫夹
筋膜间隔综合征
脚踝和脚旋前或旋后问题
脚踝灵活性问题
脚踝扭伤

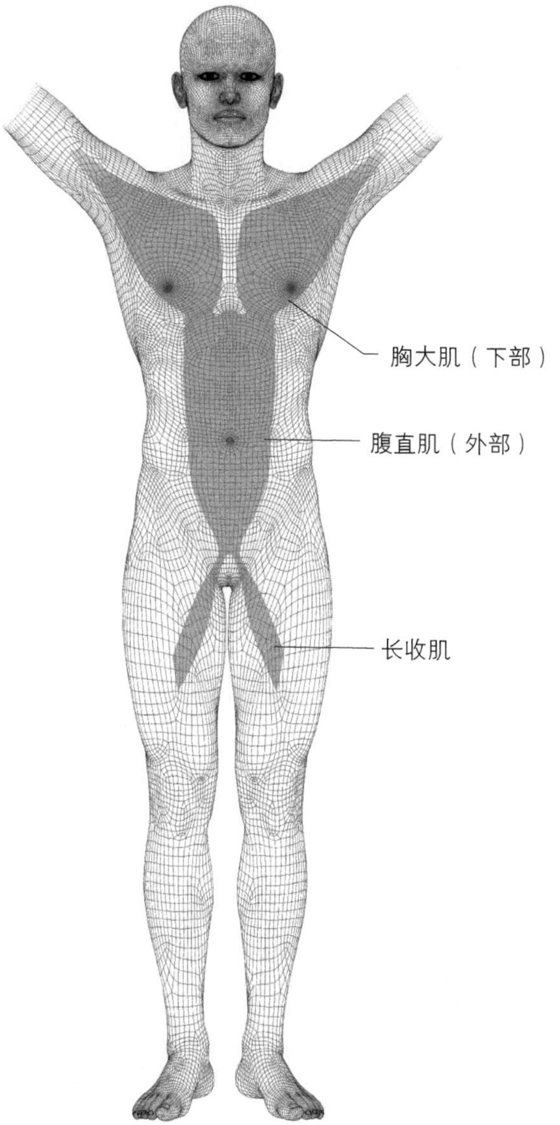

图 2.6　正面爆发力筋膜网

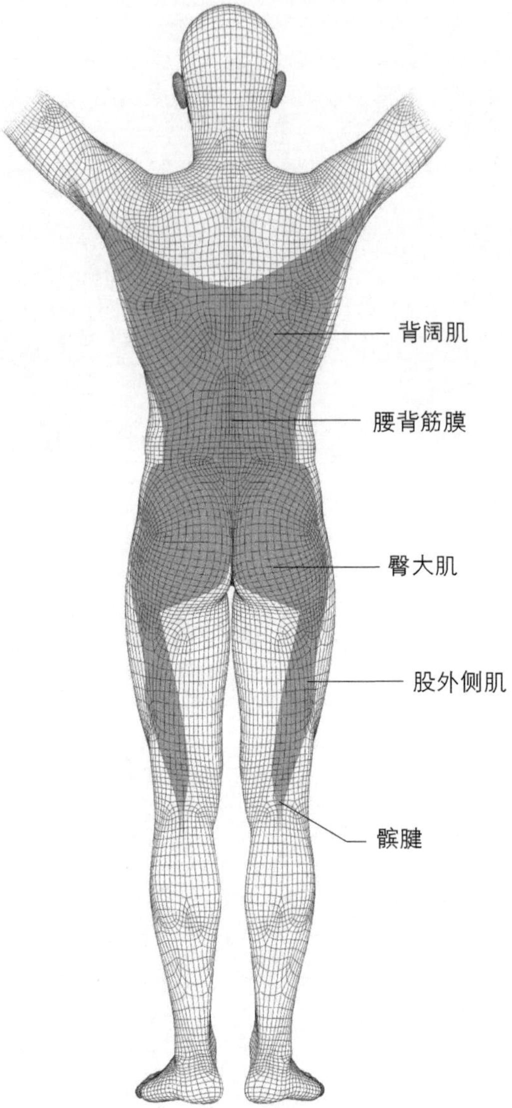

图 2.7 背面爆发力筋膜网

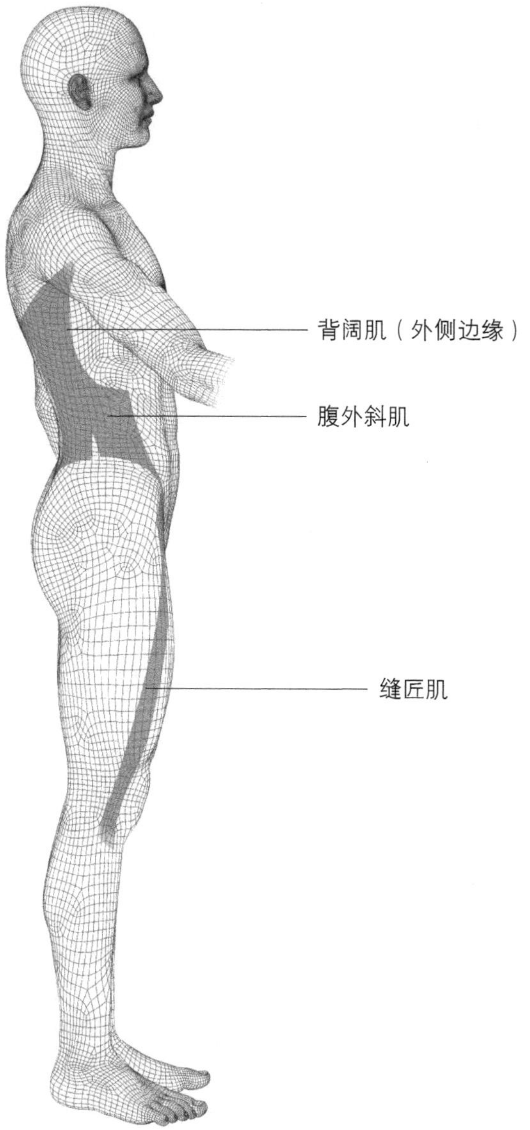

图 2.8 侧面爆发力筋膜网

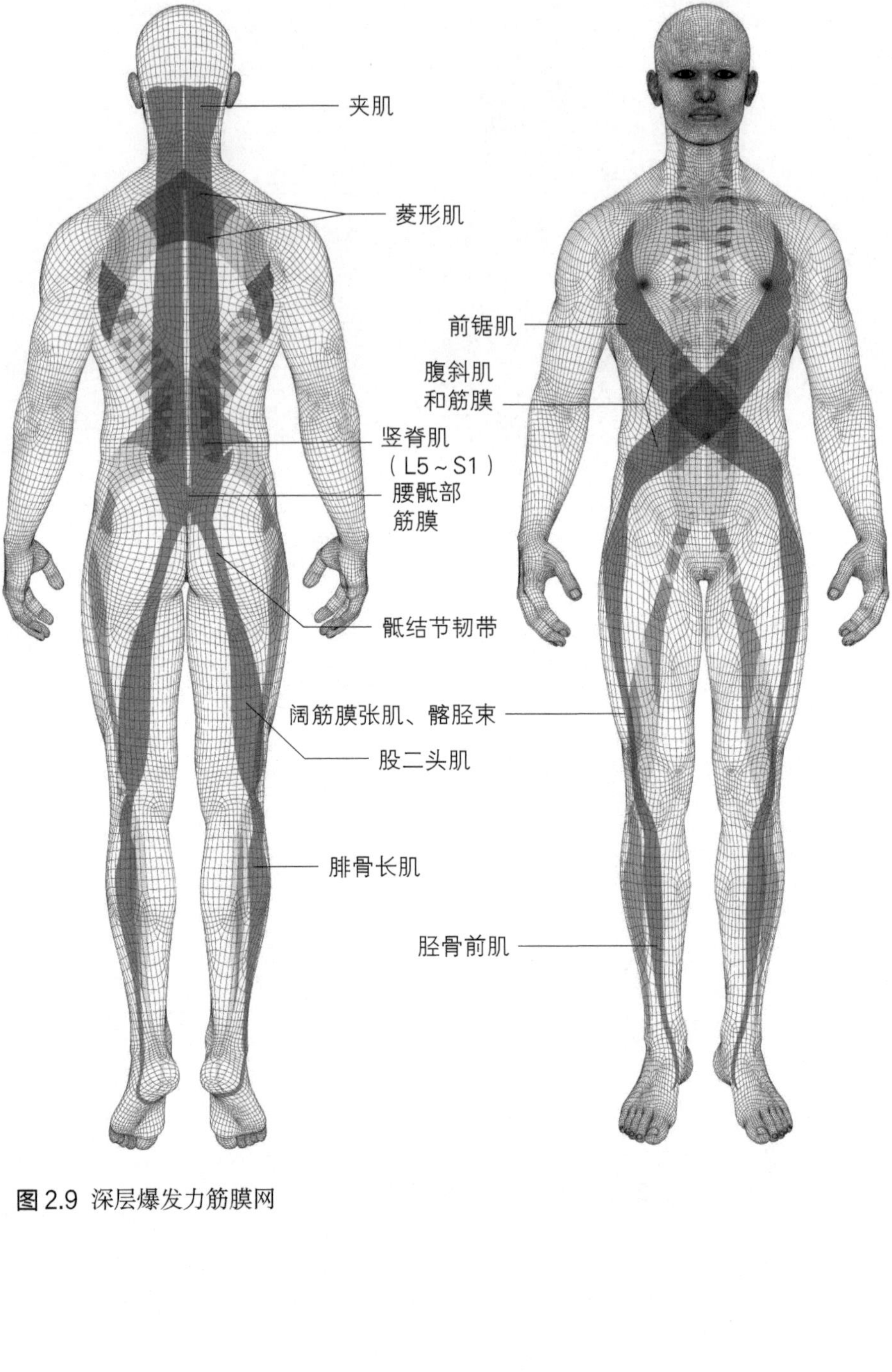

图 2.9 深层爆发力筋膜网

双臂筋膜网

在身体达到最佳灵活性之前，功能性运动的基础是核心稳定性或近端稳定性。请记住，双臂筋膜网与爆发力筋膜网相连。这些筋膜网相互连接，传输和接收能产生爆发力运动的极大力量。因此，当运动员伸手接球、挥动球棒或高尔夫球杆、在水中摆动双臂时，最佳运动表现取决于近端爆发力筋膜网传输给远端双臂筋膜网的力量。如果爆发力筋膜网的柔韧性欠佳，那么双臂筋膜网就会过度代偿，面临以下常见的运动风险：

- 肩袖肌腱炎和肌肉撕裂
- 肩关节脱臼
- 肱二头肌肌腱半脱位
- 前臂筋膜间隔综合征
- 肘部肌腱炎
- 早发性关节退化和骨关节炎
- 过度使用综合征

评估和设计针对双臂的拉伸致胜柔韧性训练项目时，我们强烈建议同时训练爆发力筋膜网和双臂筋膜网，这样可以达到最佳效果。双臂筋膜网参见图 2.10 和图 2.11。

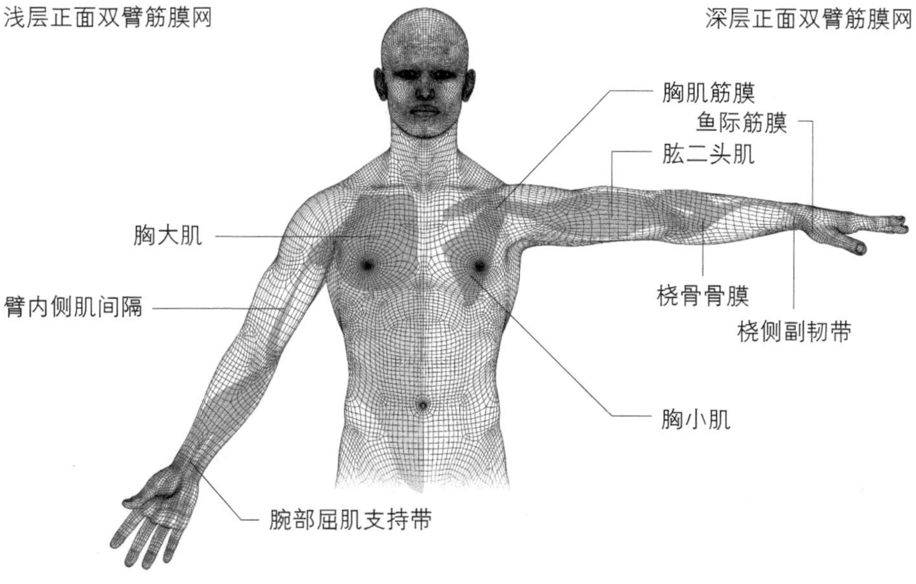

图 2.10 浅层和深层正面双臂筋膜网

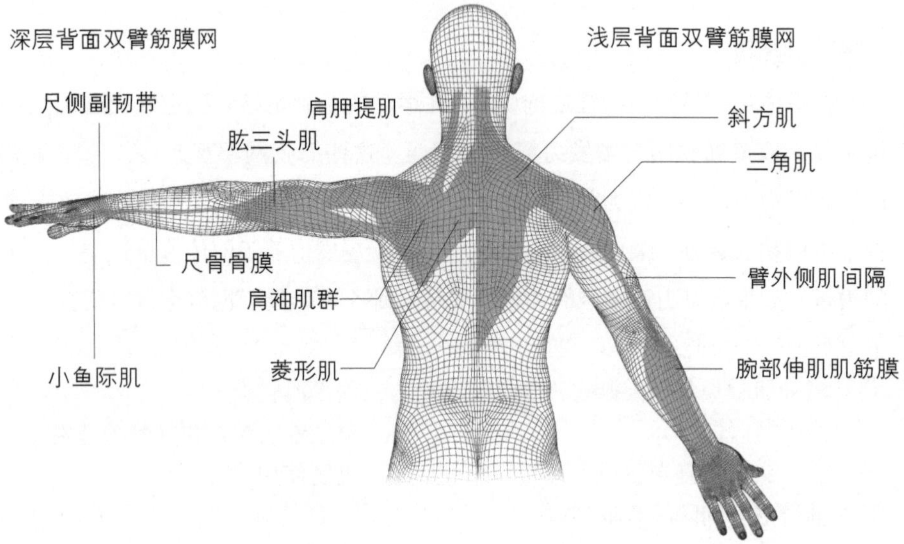

图 2.11 浅层和深层背面双臂筋膜网

筋膜灵活性障碍

人体的筋膜灵活性自我评估可能会遇到阻碍或受到限制，进而对运动产生负面影响，导致灵活性下降或丧失，爆发力、力量、耐力减弱，速度、敏捷性下降。筋膜灵活性障碍（FMBs）会让人酸痛、疼痛和淤肿（即使找不到任何淤肿的痕迹）。引起这些症状的原因可能是脱水、睡眠不足、营养不良或激素失调，这里只列出几种可能性。然而，单独的拉伸运动或拉伸与自我肌筋膜放松相结合，可以缓解这些症状。肌筋膜放松是用于多种手法治疗的术语，而手法治疗在一般情况下结合定向目的，向体内受限的身体组织施加多种形式的手动压力，以恢复正常的功能灵活性。自我肌筋膜放松是一种具有同样目的的自我护理或自我治疗方法，但是借助了一个或多个工具来辅助恢复灵活性。我们在第 5 章中介绍了如何运用自我肌筋膜放松来评估自身的灵活性，以及如何将其与拉伸运动相结合。FMA（参见第 5 章）提供了解决方案，使人们能够在大多数情况下进行自我护理。筋膜灵活性自我评估中常见的 3 种阻碍分别是粘连、增厚和扳机点。

粘连

专业理疗师和教练将人体组织的附着状态称为粘连，常见于关节、肌肉、筋膜、神经、器官或体内的任何部位。粘连的程度有时很轻（有一位解剖学讲师将其形容为绒毛，这是因为它的黏性就像棉花糖的黏性）。通过正确的拉伸运动、自我肌筋膜放松或者将二者相结合，大多数粘连都能够改善。我们可以联想到的一个例子是睡了很长时间醒来后，我们第一次移动身体时感受到的突然的响声。轻度到中度粘连的原因是过度训练或运动不足、脱水、小伤等。

有的粘连较难改善，例如受伤、手术造成的陈旧的瘢痕组织增生等。但这类粘连通过拉伸致胜体系中的训练也能有所改善。

增厚

筋膜增厚会导致灵活性欠佳，而筋膜增厚的原因很多，例如，身体核心部位力量不足（超声波检查可能会显示，慢性腰痛患者腰椎区域的筋膜增厚）。体内某些部位由于过度训练或力量 - 灵活性不平衡问题，承受压力增大的身体组织可能会自动增厚，以增强力量和稳定性。

扳机点

扳机点（TPs）是一个复杂的话题，在某些专业领域内有很大争议。扳机点是否存在并造成肌筋膜疼痛尚无科学定论。扳机点似乎是应激过度的局部肌肉（和其他组织）远端受到压迫、灵活性受到限制及运动刺激而导致疼痛的部位。众所周知，老式的静态拉伸会使扳机点的情况更加恶化，但是拉伸致胜疗法可以消除扳机点。进行筋膜拉伸运动后出现的任何扳机点都能通过自我肌筋膜放松消除（详见第 5 章）。

根据我们的经验，通过将本书中的训练与合理的力量和体能训练项目相结合，大多数情况下，粘连、增厚和扳机点这三种筋膜运动阻碍都能够轻松、有效地被消除。在大多数情况下，训练结果是运动员和健身人士能有效地进行所有运动和健身活动。如果通过这些方法，筋膜灵活性障碍不能被消除，我们建议你寻求专业人士的帮助，例如经过筋膜拉伸疗法认证的专业理疗师。

因为筋膜灵活性障碍具有个体差异，所以我们在第 5 章展示了筋膜灵活性自我评估推荐的肌肉和肌腱的位置。第 5 章将介绍对所需部位进行评估和自我肌筋膜放松的方法，这有助于自我评估，解决运动问题。

为了保持最佳运动表现，预防未来可能出现的运动限制，你要做的就是坚持按照拉伸致胜体系的个人训练项目训练。

柔韧性指成功适应任何压力并在足够的时间内完全恢复，以再次适应同样的压力或新的压力的能力。根据个人身体和目标进行评估，并制订相应的保持身体体能的训练项目，拉伸致胜训练项目将帮助你保持筋膜的柔韧性，以适应在运动过程中出现的一切挑战。在下一章中，我们将探讨核心灵活性、灵活性欠佳和灵活性过度、不稳定以及筋膜灵活性如何影响爆发力、力量、敏捷性及柔韧性。

第3章

柔韧性训练

研究表明，大多数运动损伤发生在结缔组织——关节囊、韧带、肌腱和其他筋膜结构，而不是肌肉或骨骼（Schleip, 2015a, 2015b）。有实验证实，将筋膜作为特定的训练对象不仅有助于预防受伤，还有助于延长运动生涯，帮助人们继续参加很多人因为受伤或衰老而被迫中止的运动。直到现在，一般的训练重点仍是运动员的力量、心肺状况和神经肌肉能力。现在正是将筋膜训练和灵活性训练进行整合的时机。以本书第一版的内容为基础，我们从理念和实践应用两个方面扩展了筋膜灵活性训练（FMT）体系。

筋膜训练方法

筋膜训练方法与传统训练方法明显不同。以下是一些筋膜训练技巧的示例（Schleip et al., 2012; Schleip and Muller, 2012; Schleip, 2015a, 2015b）：

- 改善弹性反冲的运动；
- 在跳跃类运动中尽可能轻声、轻柔地落地；
- 以不同频率进行可控的弹性运动；
- 以波动和节奏运动为重点；
- 在所有运动中，增强感觉和本体感受（例如包扎皮肤、轻拍、轻擦和滚动等外部方法，还有特定的呼吸刺激运动等内部方法）；

- 进行主要运动之前要做相应的反向准备运动（例如，在跳跃之前深蹲，或者在向前挥动球棒之前增加向后的旋转角度）；
- 筋膜拉伸。

筋膜训练的目的不是取代其他有效的训练方法，例如心血管、神经肌肉、心肌增厚或其他方面的训练计划。相反，筋膜训练是目前所有训练体系中缺失的一环，是一项非常重要的附加训练。

本书重点讲解了 FMT 中一些重要的内容，因为 FMT 是最实用的方法之一，能够帮助运动员从运动和健身训练中最快、最高效地获益。这些重要的因素包括弹性反冲、波动和节奏运动以及**筋膜拉伸**。

弹性反冲

“在筋膜这个快速发展的新兴学科领域中，对于运动员和参与运动的人来说，最令人兴奋的一个方面是肌腱和腱膜储存和释放动能的能力”（Schleip, 2015b, 96）。有研究表明，衰老、受伤、过度训练，或没有安排热身和恢复活动的训练，都会导致筋膜的动势能大幅下降。人们发现了筋膜的一些负面变化，包括形成多余的胶原交联，导致运动范围缩小，力量和弹性降低；组织粘连增多（更多的粘连沉积）导致灵活性下降；滑动能力降低，进而增加组织撕裂和其他损伤的风险。FMT 包含各种刺激和维持筋膜弹性反冲的特定运动，以让人达到最佳的运动表现。

筋膜具有很多复杂的弹性和黏弹性的特点和表现方式，这些较为复杂的内容超出了本书的论述范围。因此，为了实现我们的目标，我们单独说明弹性反冲的特点以及在运动中的运用，弹性反冲又被称为弹射机制。筋膜就像是一个用弹簧发射物体的弹射器，这种装置又被称为弹弓，橡胶带能够拉伸，拉伸后又能弹回原状，筋膜与橡胶带类似，也有弹性反冲的特点，能够拉伸并再弹回原状。在这个过程中，筋膜储存了能量，接着又在运动过程中与肌肉共同作用并释放能量。和弹弓一样，筋膜也有类似的弹簧结构。

筋膜螺旋波动（又叫波浪形）的外观和功能类似于小弹簧。实际上，胶原蛋白（结缔组织的第二大成分，仅次于水）包含许多微小的弹簧结构，相比久坐的人和老年人来说，年轻、健康和喜欢健身的人具有更多的卷曲弹簧结构（Schleip, 2015a; Schleip, 2015b）。这些弹簧结构会排列成波浪形状、多方向分布，如果长时间久坐或受伤后不运动，这些结构会粘连、打结、变得平坦。脱水、营养不良以及睡眠不足也会降低筋膜的弹性。这会降低卷曲度，使筋膜更容易撕裂，例如跟腱撕裂。向筋膜组织施加适量的负荷，筋膜会在人跑步、跳跃时提供所需的弹力（Schleip, 2015a）。利用 FMT 中结合了弹性反冲原理的动态运动，你就可以在开始跳跃之前激活体内的弹簧结构。

波动和节奏运动

随着身体的衰老（或者一段时间不运动之后），筋膜的弹性会下降，导致全面降低或消除弹性反冲（而弹性反冲是所有运动的必要条件，尤其是跑步和跳跃），降低轻松、流畅的运动能力。动作流畅是年轻人的运动特点，流畅的动作会因衰老而变得僵硬、受限，并且需要更多的能量和力量。幸运的是，参加相应的运动，大部分运动能力能够恢复。

筋膜的分布模式各异，这取决于筋膜在体内的位置，以及筋膜为了提高柔韧性而必须适应的力量。如果施加的压力很大，而且总是直接沿着直线施加压力，那么胶原蛋白的纤维组织也会朝向同样的方向，并且与它保持平行，即**致密结缔组织**，在肌腱、韧带和腱膜（例如胸腰筋膜、腹直肌鞘、阔筋膜以及四肢的所有深层筋膜）中都会出现这种情况。如果施加的压力朝向多个方向，筋膜会形成相互交织的结构，即未形成紧绷筋膜，在关节囊、筋膜、神经内和肌肉内结缔组织上会出现（Schleip et al, 2012）这种情况。

由于筋膜和大脑、神经系统共同运作，所以筋膜通过运动辅助管理所有身体系统的生理功能。这些运动可能是身体静止时由内部产生的（例如餐后，消化道随着肠道蠕动而运动），抑或是你被其他运动员阻截、推拉时由外部产生的。当你的身体运动时出现不平衡、功能障碍、虚弱无力，或不协调，通过 FMT 的特定的波动和节奏动作，有助于恢复身体的正常功能。我们称这种现象为**拉伸波浪**，将会在本章稍后部分进行详细的讨论。

筋膜拉伸

由于一些负面研究只局限于**静态拉伸**，所以拉伸的声誉并不好。静态拉伸就是我们所说的老式拉伸，只拉伸单一的肌肉，并且需要保持较长时间的拉伸姿势。许多有关老式拉伸的负面研究都说明了这类拉伸不应包含在你的训练计划中。

训练贴士

水和柔韧性

水是人体最重要的成分。运动员有必要了解水合作用与电解质平衡。水是血液、关节（滑液）和神经系统（脑脊髓液等）的主要成分。筋膜是体内分布较广的组织，其 2/3 都是水。

施莱普（Schleip）博士是全球有名的筋膜研究学者之一，他认为“充水后的筋膜具有可塑性和不断变化的弹性，能够在慢速动态拉伸时高效发挥其作用”（Schleip, 2015a）。他还进一步解释了筋膜训练的重要原则之一就是意识到“筋膜组织是由自由移动的、结合水的分子构成的。”施莱普博士在他的实验中发现，拉伸过程中，筋膜组织中的水从拉长的部位中被挤压出来，类似于从海绵中挤水。拉伸结束放松后，该部位充满了来自周围组织、淋巴结等的新鲜液体。在这种情况下，筋膜就像是海绵，而正确的拉伸清除了身体组织内的废液，带来新的营养液，从而更新了身体组织，使身体组织重新恢复活力。这是人体非常重要的生理功能，体内 2/3 的水分都参与其中。

其他研究也证实了上述观点，承受更大压力（受伤、慢性炎症、筋膜受限、脱水等引起的压力）的部位流入了新鲜的液体（称为结合水），替换了不流动的污染液体（称为重力水）（Pollack, 2013）。因此，筋膜拉伸通过移除废液，补充新鲜氧气和水分来辅助水合作用，促进身体从训练（或其他运动）中恢复。对于承受摩擦力或其他压力的部位，筋膜也能发挥其辅助润滑的作用。筋膜必须保持正常的润滑功能，以便在生理上支持肌肉组织结构及其功能。这包括能够传输和削弱来自体内（例如主动的肌肉收缩和伸展）和体外的力（例如碰撞、跌倒）。

施莱普将筋膜拉伸定义为动态拉伸，即以不同的节奏在主动负荷下作用于肌筋膜长链。静态拉伸只是拉伸领域的一小部分。拉伸的强度、持续时间和频率可以根据特定的目标进行周期性和个性化调整。这一点将在本章稍后部分中进行详细的论述。

由于筋膜拉伸作用于全身组织，而不是局部的身体组织或单一的肌肉，因此也能直接调动中枢神经和周围神经系统。除了筋膜组织，例如肌肉、肌腱、韧带和关节囊，脊髓和神经也会限制运动，阻碍肌肉正常运动。这会降低人体速度，减弱力量、协调和平衡能力，减缓恢复进程。据我们所知，这一点在其他拉伸书籍里从未提及。研究表明，筋膜中大量的游离神经末梢有助于人感受疼痛（例如痛觉感受器）。因此，运用不同的技巧，筋膜拉伸能够刺激或抑制自主（交感神经 – 副交感神经）神经系统；调节肌肉运动，激活或抑制肌肉运动；大幅提升、改进和维持所有运动的感知和调节。整体神经系统处于最优运作状态是正常发挥所有身体功能的基础，进而能够更加轻松、快速、高效地进行其他各类训练活动。由于筋膜拉伸影响全身，所以我们经常将其称为神经肌筋膜（NMF）拉伸。

拉伸研究

因为很多科研文献表明，拉伸对强调力量和爆发力的运动表现会产生负面效果，所以许多研究筋膜的研究人员、理疗师和教练都不提倡拉伸运动（Alter, 2004）。因此，知名的健康、休闲和健身组织机构、杂志和报纸都大肆跟风并反对拉伸。然而，大多数人都没有意识到，这些研究中提到的拉伸是泛指，并没有明确说明他们研究的重点是静态拉伸。遗憾的是，这在健身和运动领域形成了对拉伸的误解，甚至质疑拉伸的必要性。尽管这些研究造成了负面影响，但还是有很多人坚持拉伸，因为他们体验到拉伸带来很多有益的效果，例如，促进恢复、缓解疼痛、提升灵活性、增强力量、提高速度等。有一项研究的参与者是 65 岁及以上的老年人，结果表明，完成静态拉伸之后，他们的体能有明显的提升，这说明如果为特定的个人和群体制订个性化的拉伸训练计划，那么拉伸就会发挥出最佳效果（Page, 2012）。

拉伸会产生各种可能性，但大多数结果都没有经过科学证实。针对拉伸的所有可能性，相关研究还处于初始阶段。

目前，我们致力于与亚利桑那大学医学院凤凰城分校（University of Arizona

College of medicine phoenix）的科学家和临床医生共同合作，并且结合实际经验和科研实证，探索拉伸给我们的客户、学生和读者所能带来的最佳的效果。

如你所知，在健身和运动领域，对于拉伸一词的传统定义局限于静态拉伸，即保持拉伸姿势以增强力量和扩大关节运动范围。我们将拉伸的定义进行了扩展：

使任何组织进入一个限制其运动的屏障内时都需要一种可以被称为拉伸的力，大多数灵活性训练实际上是以运动为基础的拉伸（又名动态拉伸），能够提升、恢复灵活性。

拉伸的益处

现在，关于拉伸益处的正面研究较多。有针对多项研究的系统综述表明拉伸能够带来以下有益的效果（Page, 2012）：

- 拉伸扩大关节运动范围；
- 单侧拉伸扩大关节两侧的运动范围；
- 静态热身和动态热身在增加关节运动范围方面同样有效；
- 预先收缩性拉伸（本体感神经肌肉易化法）可降低肌肉的兴奋度；
- 与静态拉伸相比，预先收缩性拉伸可在短期内显著扩大关节运动范围；
- 与静态拉伸相比，动态拉伸不会减弱力量或降低运动表现水平；
- 动态拉伸能够提高测力计所测得的爆发力，以及跳跃和跑步运动的成绩；
- 热身前后进行静态拉伸不会减弱力量。

此外，几十年来，我们在对成千上万人进行拉伸教学的过程中，还发现了拉伸的以下益处：

- 扩大整体关节运动范围、特定关节运动范围，提高关节灵活性，改善身体功能；
- 振奋精神并缓和情绪；
- 提升幸福感和自信心；
- 改善水合作用，提高清除体内废物的能力；
- 提升睡眠质量；
- 消除疼痛。

自我拉伸 VS 辅助拉伸

本书的重点内容是自我拉伸，包括主动拉伸、被动拉伸、自我辅助拉伸和自我抗阻拉伸。以下内容是对这些拉伸类型的基本说明。

- **主动拉伸**　是针对限制总体灵活性或特定关节运动范围的身体部位，进行与主动运动相结合的拉伸。例如，当你尽可能做下蹲动作时，关节或软组织紧张导致运动受限。
- **被动拉伸**　是指要被拉伸的目标区域不主动收缩肌肉的拉伸。例如，想象一下，你站立时有一条腿舒服地支撑在固定的椅子或长凳上，然后朝脚的位置向前弯腰、放松时这条腿被动拉伸，同时没有引起腿部肌肉主动收缩。
- **自我辅助拉伸**　是利用绳索或皮带帮助自己抬起四肢，进行拉伸。
- **自我抗阻拉伸**　是进行被动拉伸或自我辅助拉伸时，主动收缩正在拉伸的肌肉。

对于一些人来说，要想保持柔韧性、体能和健康，有必要进行自我拉伸。然而，在某些情况下，接受评估并**进行辅助拉伸是有帮助的、有必要的。**建议与经过筋膜拉伸专项培训并具有资格认证的专业人士合作。如果出现以下情况，我们建议你寻求专业人士的帮助：

- 不能充分放松，或者无法放松需要拉伸的部位；
- 拉伸后感到疼痛或酸痛；
- 拉伸后各方面没有改善；
- 拉伸后运动表现水平下降；
- 不知道如何进行正确拉伸；
- 对拉伸感到紧张和担心；
- 需要一个量身定制的个性化拉伸训练计划；
- 运动表现已经达到很高的水平，但还想进步。

拉伸的参数

在你确定符合自己需求的拉伸类型之前，了解有效拉伸的参数非常重要。自我拉伸，包括主动拉伸、被动拉伸、自我辅助拉伸和自我抗阻拉伸。采取不同类型的拉伸，会产生不同的效果。出于不同的原因，每个人适用的拉伸的强度、持续时长、频率或节奏会有所不同。

强度

每个人对拉伸强度的感觉是主观的。拉伸强度不同，人的感觉也会不同，从几乎没什么感觉（非常轻微的拉伸），到明显的疼痛（最大强度拉伸）。在我们的训练计划中，可以通过呼吸来调节拉伸强度。我们建议，每次拉伸都不应当感到疼痛。拉伸过程中，如果屏住呼吸（或者想要停止呼吸），或者感到所拉伸的肌肉有疼痛感或明显的拉扯感，或者肌肉变得越来越紧绷，说明拉伸的强度非常大。拉伸强度适中时：可以充分深呼吸，并且感到轻松（甚至可能会打哈欠）；拉伸的部位有一种放松的感觉；进一步运动或拉伸时毫不费力。

持续时长

拉伸的时长通常指保持拉伸动作的持续时间（以秒计算）。在后文运动节奏的内容里，我们探讨了以秒计算拉伸持续时长的缺点。你也会了解呼吸如何影响拉伸的节奏。如果你的呼吸保持平缓，你自然能够保持拉伸动作至合适的时长。

频率

拉伸的频率指在一次拉伸练习或一段时间内（例如一天或一周）重复拉伸的次数。在遵循拉伸强度和持续时间的指导原则的基础上，适当的拉伸频率取决于肌筋膜放松的程度。你可以进行一次拉伸训练后，尝试一些之前让你感到酸痛、灵活性或流畅性不高的拉伸姿势或动作，对拉伸频率进行测试。判断这些姿势是让你的关节运动范围大幅扩大、适度扩大，还是没有任何扩大。如果扩大的幅度很小，只需重复拉伸的动作顺序，直到关节运动范围出现明显的扩大（如时间允许）。如果你感觉身体越来越紧绷，你可能已经超出了拉伸的适当强度或持续时长，或者是身体出现了其他问题，例如脱水。

训练贴士

运动范围的变化

传统观点认为，关节运动范围是某个关节的所有运动范围，取决于该关节骨骼向特定方向移动的方式。运动范围可以估测，或者用一个叫作量角器的工具进行精确测量。主动运动范围（AROM）和被动运动范围（PROM）都可以测量。

运动员的身体部位主动达到某个规定动作的极限状态时，可测定 AROM；其他人移动运动员放松的身体，直到达到某个规定动作的极限状态时，可测定 PROM。常见的动作极限状态包括肌肉紧绷、关节僵硬、肌肉痉挛、关节发炎或疼痛。某些肌肉发达的运动员的关节运动范围受限于其肌肉量。例如，一个运动员的肩围增加，可能会阻碍其双臂够到背部。PROM 几乎一直大于 AROM，因为后者受限于阻碍运动的收缩组织。通常情况下，除非存在肌肉紧绷、肌肉增大或其他问题，收缩组织一般不会限制 PROM。

拉伸是一种通过拉长被缩短或挤压的身体组织来扩大关节运动范围的行为。我们的目标组织是肌筋膜，如前所述，主动拉伸和被动拉伸都能拉伸肌筋膜。

节奏

节奏指拉伸的速度。如前所述，由于目的不同，拉伸的速度也有所不同。静态拉伸是一种慢节奏的拉伸方式，传统的静态拉伸是针对一个肌肉或肌群，在规定的时间内保持拉伸姿势。另一种快节奏的拉伸方式是弹性拉伸。例如，在击球之前，快速挥动球棒。无论是为了运动或是为了恢复而制订拉伸训练计划，拉伸节奏都是非常重要的，因此我们将在本章稍后部分详细探讨拉伸节奏。

在拉伸过程中，如果我们意识到正确呼吸时身体的反应，则强度、持续时长和频率等拉伸参数会立即同时调整到最佳状态。相比只关注如何达到预设的参数要求，如果你能意识到呼吸时身体的反应，拉伸效果会更好。我们发现，随着意识的增强，拉伸的效果会更好；相比传统的拉伸训练，一周之后，你会发现通过弹性拉伸，自己进步更快，用力更少。

拉伸的类型

作为柔韧性训练和拉伸领域的专家，我们率先创设了一种基于运动的辅助拉伸训练，名为筋膜拉伸疗法（FST）。我们也开发了拉伸的运动模式，名为筋膜灵活性训练（FMT），在本书中也对其进行了探讨。因为 FST 和 FMT 的内容变化远超传统的静态拉伸，所以我们必须进一步定义这些变化。

传统拉伸的类型

大多数情况下，拉伸一般分为三类：静态拉伸、动态拉伸和弹性拉伸。静态拉伸适用于提升静态或**被动柔韧性**，以及 PROM；动态拉伸适用于提升动态或**主动柔韧性**，以及 AROM；而弹性拉伸（定义见本节后边的内容）适用于提升弹性柔韧性。**弹性柔韧性**是一种特殊的柔韧性，用于瞬时、快速、高爆发力运动，例如挥摆、投掷或跳跃等常见运动。

这些术语对于不同行业的人来说有不同的含义，例如，静态拉伸指保持某个动作姿势，而无论运动员是个人保持还是有其他人辅助保持。我们发现，这种静态拉伸使许多运动员无法在柔韧性方面取得进步。当我们让首次尝试的客户演示他们理解的静态拉伸时，他们通常很僵硬地保持一个姿势，非常努力地控制身体，以至于不能放松。运动员进行这种拉伸时，通常会屏住呼吸，因此增加了身体的张力。静态拉伸的目的之一是放松肌肉，但是我们发现许多客户通过静态拉伸，并没有提高自身的柔韧性水平。科学和医学文献中也提出了保持一个姿势不会提高柔韧性的观点。由于静态拉伸的其中一个含义是“保持不动，不要移动或改变”，因此，我们不想使用静态拉伸这一术语。我们更倾向于使用另一个术语，以表示在拉伸的静止状态下允许运动，这个术语我们将在下一节中进行探讨。

动态拉伸（有时和弹性拉伸相混淆）不要求只保持一个姿势。动态拉伸通过主动、功能性的动作调动关节和肌肉，拉伸的同时进行可控的运动。通常，在整体热身活动中加入动态拉伸。动态拉伸也可针对身体要锻炼的特定部位，纳入个性化的热身活动，例如，撑竿跳高运动员针对肩部和躯干进行训练，体操运动员针对躯干和髋部进行日常鞍马训练。

根据美国国家体能协会（National Strength and Conditioning Association，NSCA）

的定义，**弹性拉伸**是指拉伸过程中利用弹跳动作，而且最后的动作并不固定的拉伸方式（Jeffreys, 2008）。弹性拉伸可能包含了强度更高或幅度更大的动态拉伸形式，例如摆腿，或者包含了增强式训练，例如纵跳或深蹲，这些训练的目的是使肌肉在最短时间内获得最大力量。

波动拉伸的类型

相比采用拉伸的三个传统术语（静态拉伸、动态拉伸和弹性拉伸），我们想用术语“波动拉伸”来更清晰地解释我们所推荐的拉伸类型。波动拉伸属于一个连续体，包括从非常缓慢到非常快速的波动运动。和传统拉伸一样，波动拉伸方式包括主动拉伸和有辅助的被动拉伸。

波动一词的含义是像波浪一样上下起伏，我们认为这种比喻很好地阐释了一种有效的拉伸方式。去过海滩的人都见过海浪翻滚着漫上沙滩，又以能够预测的节奏后退。有时，这种节奏缓慢、平静，几乎难以察觉，例如微风徐徐的午后。有时，这种节奏快速、激烈，例如风暴来临时。在运动中，一个与海浪波动相似的动作就是跳跃，跳起之前运动员完成一个下降或深蹲动作，接着运动员向上跃起并上升至最高高度，最后下降落地时身体再次下降。

波动也可用于力量训练，例如波动周期化，指一种针对力量提升的非线性训练体系，许多学者和教练认为其优于传统的线性训练体系（Jeffreys, 2008）。任何能够波动的事物都具有柔韧性这一内在特性，这是动态生命系统的一大特征。这也是呼吸频率、心率和血压波动变化的原因。它们总是处于波动状态，因为这是生命系统受到体内和体外刺激的反应。

人体内还有许多波动式或波浪式运动。首先想到的就是呼吸。如果你把呼吸的生理动作分为几个部分，你会发现呼吸是涉及胸腔、腹部、脊柱、骶骨、骨盆、双腿、肩部、双臂、颅骨和内脏器官协调运作的一种运动。呼吸时这些部位的运动顺序就是天然的身体波浪式或波动式运动顺序。

同理，我们将波动拉伸称作“波浪式拉伸”。波动拉伸不仅仅是一种有效的拉伸方式，也展示了如何随拉伸动作进行同步呼吸（参见第 1 章原则 1）。与保持静态拉伸姿势相反，随拉伸动作同步呼吸会帮助你放松，有助于拉长正在拉伸的身体组织。

通过波动拉伸，能够让刚刚拉伸的身体部位避免再次收缩或紧绷，而在传统拉伸后往往出现再次收缩或紧绷现象。这是因为波浪式的运动可以使肌肉来回运动以达到拉伸姿势。如果感到拉伸的强度过大，放松一会儿，就像波浪轻轻地退回大海。如果目标部位没有拉伸感，可能是身体其他部位过于紧绷或身体姿势不正确，导致无法拉伸选定的部位。如果没有强烈的拉伸感，身体姿势正确且没有产生任何身体不适，那说明该部位的柔韧性较高。

波动拉伸的两大基本特点奠定了全面的拉伸致胜体系的基础：运动的交替流动和运动的节奏，其范围可以从很慢到很快。

运动的交替流动

运动的交替流动即在整个拉伸过程中出现的上下（升降）起伏或前后摆动，能够通过调整呼吸而开始和保持。尝试以下拉伸动作，可以体验到这种感觉。如果在未热身之前进行以下拉伸，效果会更好（注意：如果你的脊柱有或可能有不稳定或需要就医的情况，请不要做以下动作）。

- 站立，双脚分开与肩同宽，并且舒适地保持两脚平行。
- 将头顶（而非下颌）朝天花板方向抬起，同时深吸气。
- 将下颌朝胸部方向下降时，呼气。
- 继续正常呼吸，弯曲脊柱，让头和手臂向前下垂，放松肩膀、上背部和下背部。在身体舒适的情况下尽可能地往下走，保持膝盖相对伸直，但不要锁死。
- 拉伸动作达到最大限度后，随着呼吸让椎骨由下而上一节一节地伸展，非常缓慢地起身。
- 非常缓慢地重复此练习5次。

随着每次重复，感受身体随着呼吸波动运动，吸气时稍微上升，呼气时稍微下降，身体完全弯曲时屏息 1 ~ 2 秒，这是身体在保持呼吸的同时进行的自然的波动或波浪运动。如果双手用力伸向脚趾或地面，就和传统的静态拉伸一样，会限制呼吸，并且阻碍波动运动。这有违拉伸的目的，无法提高身体的灵活性。如果你随着有节奏的呼吸开始并结束运动，那么你就会发现通过五次重复拉伸可以毫不费力地提高柔韧性。

运动的节奏

运动的节奏指拉伸运动的时间和节拍。波浪式拉伸有四种不同的节奏：非常缓慢、缓慢、快速和非常快。根据我们的拉伸体系，呼吸应与身体的波浪式运动同步，因此我们用一个完整的呼吸循环（一次吸气和一次呼气）来判定运动节奏。

在拉伸过程中运用呼吸技巧显然不是新方法，但是我们运用了一种独特的呼吸方式来引导拉伸。在我们的体系中，并未采用典型的 10 秒计数，而是身体在拉伸姿势下进行波动运动时，进行 3 次缓慢而放松的完整呼吸。如果 3 次深呼吸以后，身体依然紧绷，无法放松目标部位，那么你可以再深呼吸两次或更多次，直到感觉张力得到放松。换言之，不要规定保持拉伸姿势的时长，而要去聆听自己的身体，用呼吸了解哪些身体部位有紧绷感。如果你遵循呼吸的节奏和有放松组织的感觉，你可以进行 5 秒、10 秒或 20 秒的拉伸，关键是你应该聆听身体当前告知你的信息。

我们发现（临床上的辅助拉伸以及主动拉伸领域），相比许多传统拉伸计划随意规定的时间，注意身体信息是一种更好的指导方式。因此，每当有客户问我“我应该进行这个拉伸训练多长时间”，我的回答始终是“持续多次呼吸循环，直到身体组织放松”。请注意，我们说的是身体组织，而不是肌肉，因为拉伸涉及不同层次的结缔组织。

在拉伸过程中，有效的运用呼吸的方式是呼气时拉伸，吸气时缓慢地放松，每次拉伸的动作尽可能流畅，使身体随着呼吸像波浪一样运动。拉伸动作包含分别朝两侧旋转、弯曲，上下移动以及进行或暂停波浪式拉伸。记住，让呼吸直接指导你应当持续的拉伸时间。呼吸次数取决于你在拉伸时身体的感受。有些时候，你的身体两侧可能有同样的感觉；还有一些时候，你可能会留意到身体的一侧与另外一侧在紧绷感上有显著的差异。如果出现这种情况，你需要多用一点时间，调整呼吸，拉伸感到受限的身体部位。拉伸的时长取决于自己的需求和目标。一般原则是根据自己的需要确定呼吸的次数，直到感觉身体组织放松后再拉伸下一个部位。

回顾第 1 章的第 2 个原则：调节神经系统适应拉伸。我们的目标是随着同步呼吸来调节神经系统，以达成自己的目标。以下不同的呼吸节奏，会使身体出现非常明显的反应。

- 非常缓慢的波浪式拉伸（SWVS）：每个拉伸姿势，持续3次非常缓慢的呼吸循环。
- 缓慢的波浪式拉伸（SWS）：每个拉伸姿势，持续2次缓慢的呼吸循环。
- 快速的波浪式拉伸（SWF）：每个拉伸姿势，持续1次正常的呼吸循环。
- 非常快的波浪式拉伸（SWVF）：每个拉伸姿势，持续1次快速的呼吸循环。

我们简单划分了各种拉伸节奏。但是实际上，基于你自己的经验和所想要实现的目标，你可以自行确定每个拉伸姿势的合理节奏。与抗阻训练类似，在拉伸训练中，出于不同的原因和目标，我们选择不同的拉伸节奏。

非常缓慢的波浪式拉伸（SWVS） 非常缓慢的拉伸有助于最大限度地提升柔韧性，并且长期保持提升效果。非常缓慢的拉伸与静态拉伸相似，在较长时间内（一般持续 3 次非常缓慢的呼吸循环）保持一个波浪式拉伸姿势。与静态拉伸的区别在于，你专注于释放体内的所有张力，随着每一次缓慢的呼吸，进行波动式拉伸，以便最大限度地拉长全身或特定部位的组织。通过非常缓慢的呼吸和拉伸（节奏慢、持续时间长、初始强度低），**刺激副交感神经系统**（参见第 1 章原则 1 和原则 2）。这就是我们所说的拉伸是“静止运动”的含义。随着肌肉张力达到最小值，达到筋膜适应性改变（永久拉长）的最佳状态。

因为波浪式拉伸的目的是通过改变体内结缔组织的可塑性，使身体柔韧性达到更高的水平，所以运动员应在休赛期进行这种拉伸。休赛期间他们的身体更加放松，也有更多时间。休赛期间，职业运动员和高水平运动员对较长时间的高强度拉伸有更好的耐受能力，也有充足的恢复时间来提升可塑性。他们可以较快适应这类拉伸所增强的力量和所提高的速度和灵活性。另外，他们可以获得休赛期训练的益处，同时通过在赛季内拉伸来保持结缔组织的弹性。

当你进行 SWVS 时，不管拉伸哪个部位，随着每次呼吸感受其波浪式运动慢慢扩展到脊柱、上背部、腰背部和四肢。要想获得这类拉伸的最佳效果，应在一周开始时进行一次全身 SMFR，并且在该周之内至少进行两次全身拉伸运动。在这些天里，针对上半身或下半身进行之前训练或练习过的特定的 SMFR 或拉伸。例如，如果你在休赛期间每周举重三次、跑步两次，在没有训练的日子里，你可以每周进行一次全身 SMFR、拉伸两次。在这些天里，你也可以分别针对上半身和下半身进行训练过的、更加简短的特定拉伸训练。

如果赛期刚刚结束，针对身体某些部位进行了高强度运动，我们建议你利用休赛期优先提高身体的柔韧性，尤其是那些更容易出现瘢痕组织和扳机点的部位。例如，如果你是美式橄榄球的弃踢手或踢球手，比赛期间，你搁置了全身 SMFR 和每周两次的常规拉伸训练，更想关注背部、髋部和踢球腿。解决赛季内累积下来的所有问题后，你会更轻松地进行休赛期间的各种柔韧性训练。继续此训练计划，直到达到教练、训练师或运动表现所要求的柔韧性水平，然后再换为 SWS 节奏的训练计划。

缓慢的波浪式拉伸（SWS）　此类拉伸的节奏稍快于 SWVS 的节奏，但是呼吸依然缓慢（每个拉伸姿势持续 2 次缓慢的呼吸循环），因为拉伸的目的是增强弹性，而不是增强可塑性，需要使副交感神经系统处于主导地位。此类拉伸的节奏之所以稍快于 SWVS 的节奏，是因为此类拉伸是为了快速恢复近期降低的柔韧性。例如，在训练强度特别大的运动之后，你可以选择立即进行拉伸，因为此时你的核心体温依旧较高；或者你可以选择在晚上睡觉之前（可能在热水澡之后）进行拉伸。

根据我们的经验，这样的常规练习会使你的柔韧性快速恢复，并达到高强度训练之前的柔韧性水平。这个过程可能需要 5 ~ 20 分钟，具体时长取决于身体的紧绷程度以及对常规练习的熟悉程度。在进行 SWVS 时，你没有时间进行全身拉伸，你会针对白天训练导致紧绷的身体部位进行拉伸。

如果全身都有紧绷感，可用这个节奏进行全身拉伸。完成常规拉伸训练之后，如未感到柔韧性有所提高，再进行一次拉伸，直到达到所要求的柔韧性水平。一些运动员只需要起床后步行一定时间就能清楚自身的柔韧性水平是否达到了要求。其他运动员通常需要完成几个测试动作，例如挥动双臂或双腿，或者尝试以前难以完成的特定动作，才会知道柔韧性是否提高。针对特定的身体紧绷部位，在相同的拉伸环节中，进行该部位的所有拉伸动作（参见第 6 章），接着重复同样顺序的拉伸动作，直到达到了所要求的柔韧性水平。

每个训练日，如果你根据之前的指导原则进行 SWS，第二天就会完全恢复。如果你发现在周末或者是赛季的中期或后期，很难有时间做保持柔韧性的训练，那么你有必要每周投入一些时间（大约 1 ~ 2 小时）进行全身 SWS 训练计划。重复每个拉伸动作，直至累积的张力或酸痛减轻或释放。

记住，缓慢的波浪式拉伸训练计划适用于运动、练习或比赛结束之后。你也可以在所有的训练环节中利用 SWS 来恢复身体的柔韧性。随着赛季期间运动强度的逐步增大，保持身体柔韧性会越来越难。以这样的运动节奏，你可以在 5 分钟之内进行 3 ~ 4 次拉伸；例如，如果你有 15 分钟，你可以选择 9 ~ 12 个拉伸动作。

快速的波浪式拉伸（SWF）　在训练或比赛中，这种拉伸节奏有助于准备即将进行的运动（最多在 1 ~ 2 小时内）。与动态拉伸或功能性拉伸相似，其同样可以逐步扩大关节运动范围，从而拉伸身体组织，运用同步循环运动来给关节囊热身。快速波浪式拉伸早已成为热身运动的一部分。SWF 拉伸包含多个平面和多个方向的波浪式运动，而不是重复你将要采取的运动路径。这类拉伸通过刺激促进血流更有效地流向全身各个部位，有助于热身，并重点拉伸专项运动或训练所涉及的最重要的身体部位。这类拉伸还能通过刺激关节润滑和关节本体感受器（神经系统中负责在关节运动时准确引导关节的部分）来更好地为各个方向的运动做好准备。

进行 SWF 的过程中，你的呼吸节奏更快（每个拉伸姿势持续 1 次正常的呼吸循环），以便快速移动，为运动做好准备。以这样更快的节奏进行呼吸和拉伸时，会刺激**副交感神经系统**。这能帮助你最大限度地调动运动或活动所需的所有肌肉。运动之前，针对目标限制部位，进行 5 ~ 10 分钟的 SMFR，接着进行 5 ~ 15 分钟的 SWF（时长取决于你的需求），这些均有助于身体为运动或活动做好热身准备。

非常快的波浪式拉伸（SWVF） 非常快的波浪式拉伸结合了挥摆、弹跳、跳跃以及其他快速、高强度的爆发动作，帮助你为后续运动做好准备。跨栏、撑竿跳高、跳远、体操运动员和其他涉及爆发动作的运动员，能够受益于额外的热身活动，即节奏非常快的波浪式拉伸运动。我们建议先进行节奏较慢的拉伸（休赛期进行 SWVS，赛季内进行 SWS），让身体为节奏更快的拉伸做好准备。在赛季内合适的时间，从非常缓慢的波浪式拉伸过渡到非常快的波浪式拉伸，使你处于一个节奏变化的连续区间内，不断提高被动柔韧性，再提高主动柔韧性。在这个连续区间内，节奏逐渐加快的拉伸训练可以确保身体柔韧性得到提高，从而提升快速运动的能力。否则，随着赛季的开始和推进，柔韧性不够可能会导致身体出现问题。有非常多的运动员盲目尝试提高柔韧性，这往往会导致受伤。

快速和非常快的波浪式拉伸训练计划适用于热身，以及在运动、练习和比赛之前。拉伸动作的个数取决于你花费的时间。例如，你每分钟能做 2 ~ 3 个快速拉伸动作，那么 5 分钟就能做 10 ~ 15 个拉伸动作。

你所选定的呼吸和波浪式拉伸节奏影响了神经系统的增强效果。你可以在比赛之前采用 SWF 节奏进行同样的常规拉伸训练，也可以在每天结束时采用 SWS 节奏，以便恢复在运动期间降低的柔韧性。如果你适应了这种节奏，就为后续动作做好了准备；如果放缓节奏，你就会处于更加放松、平静的状态。

拉伸，一个重新定义的概念，不仅仅指影响关节运动范围的运动，而是指对身体组织产生抗阻力的运动。本章介绍了拉伸的不同类型和相应的参数，以便运动员、专业教练或理疗师为训练达到最佳效果而制订个性化的训练计划。下一章将论述柔韧性对爆发力、力量和速度等的影响。

第 4 章

运动表现中的柔韧性

在运动中，适应身体力量的灵活性需要运动员具备良好的身体素质和运动能力，例如注意力、力量、灵活性、协调能力、平衡能力、反应灵敏度、敏捷性和速度。本章会让你更加了解柔韧性和运动能力之间的重要关系，帮助你的运动表现始终处于最佳状态。我们应专注于练习基本的动作，这些动作是构成运动表现金字塔高级运动技能的基础。

什么是运动表现金字塔

任何**功能性运动**的训练都可以用一个三层金字塔表现出来，金字塔底层是功能性运动基础（基础运动）、中间层是**功能性运动表现**（运动表现）、顶层是**功能性技能**（运动技能）（参见图 4.1）。高水平的运动表现和运动技能必须建立在扎实的功能性运动基础之上。尽管很多运动员掌握了金字塔顶级的运动技能，却没有扎实的功能性运动训练基础，最终导致他们的运动能力不能持续提升，这一点我们在专业文献、科学研究和客户的真实案例中都可以看到；特别是在受伤恢复期，更可以看出其实他们的底子很薄弱。因此，本章聚焦于运动表现金字塔的基础，即基础运动以及基础运动和柔韧性之间的关系。

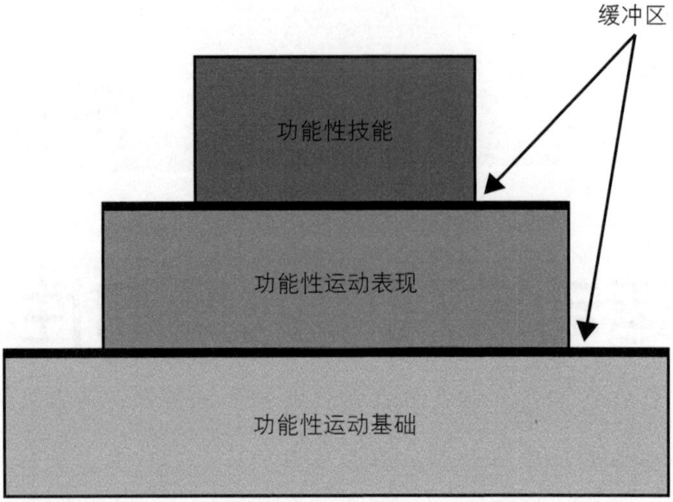

图 4.1 库克（Cook）运动表现金字塔模型阐释了基础扎实的重要性
源自：G.Cook,2003, Athletic body in balance. Champaign, IL: Human Kinetics, 13。

柔韧性和功能性运动

人们普遍认为，在训练和治疗中，核心肌肉的动态稳定性是成功完成运动的先决条件。关于核心力量和稳定性是身体整体灵活性的先决条件，已经有许多研究和论述，具备相关知识的教练、训练师和理疗师都将这一点纳入他们的训练和康复项目中。2003 年，我们着手写《拉伸致胜》（*Stretch to Win*）第一版时，运动与健身训练中普遍缺乏综合性的核心灵活性训练。根据多方反馈，我们得知拉伸致胜体系在核心灵活性评估和训练重要性的指导方面做出了重大贡献。现如今，灵活性训练已经成为大多数运动项目的标配。

运动表现金字塔的创始人格雷·库克（Gary Cook, 2003）在运动训练和康复领域也享有盛誉，因为他创造并发展了颇受欢迎的**功能性运动测试**（FMS）。FMS 已经被许多专业人士和运动团队视为功能性运动的评估标准，其能够检测运动员是否在灵活性、稳定性或运动控制方面有问题。而拉伸致胜体系经常用于重塑功能性运动模式，从而显著提升运动员的 FMS 分数。

核心稳定性和力量

在过去半个世纪中，医学、运动康复和物理治疗领域的专家研究了小儿麻痹症、肌肉营养不良症和中风等疾病对神经肌肉的影响。这些影响可能包括肌肉无力、僵硬、失衡以及整体动作失控等。研究结果显示，有以上病症的患者必须首先恢复身体的中心或核心部位（腹部、臀部和背部肌肉）的运动能力后，才能恢复四肢的运

高灵活性、灵活性不足和不稳定性

我们在学校指导学生训练时，经常有学生问："我可不可以拉伸灵活性较高的关节上的肌肉呢？"如果你参与的运动项目或活动要求这个关节的灵活性高于正常值，答案当然是肯定的，你有必要保持这个关节的高灵活性。例如，在比赛时对投球手肩关节灵活性的要求要远远高于他在日常活动时的灵活性要求。不过，在保持高灵活性的同时，应该锻炼这个关节的稳定性和力量，以应对额外活动度产生的不稳定性，否则，这个关节将极不稳定，很容易扭伤。

关节不稳定性通常是指关节韧带松弛，韧带松弛可能与旧伤（扭伤）有关。过度的拉伸或运动技能训练（如投球）导致关节和肌肉过度活动，没有进行足够的力量训练可能导致关节不稳定。例如我们有一位名叫玛丽（Mary）的客户，大约 50 岁，是瑜伽的忠实爱好者，持续练习瑜伽 30 年。后来她因为腰部发紧，感觉不适，来到我们诊室就诊。通过评估我们发现，玛丽身体内的关节大多具有较高的灵活性，许多需要承受身体重量的关节都存在不稳定问题，同时玛丽的肌张力比常人低。通过力量测试发现，玛丽的躯干、骨盆和髋部等核心部位的力量都很弱。我们对她进行了核心力量和稳定性训练，仅仅两周时间就消除了腰疼症状。可以看出，玛丽需要的不是拉伸，而是力量训练。因此，对高灵活性关节进行力量和稳定性练习，可以改善关节不稳定情况。

如果关节灵活性差，那么对于活动受限的关节和肌肉，有效的办法就是拉伸。有关节灵活性差和肌筋膜发紧问题的运动员通过拉伸可以获得突飞猛进的进步，因为拉伸可以将关节囊和筋膜的运动潜力完全释放出来。打开关节，放松筋膜，获得最佳竞技能力的大门就会向你敞开。

动功能。这与我们在婴儿期学习各种动作的顺序一样，首先要强化核心力量，然后才能开始尝试爬行和直立行走。加强躯干和骨盆核心肌群的力量是近年来很多体育和健身领域热衷的训练方式，这种训练方式可以增强运动员的平衡能力、协调性、敏捷性以及运动时的力量、爆发力和耐力。

现在的大多数身体训练中都含有核心力量和核心适应性训练。流行的核心训练观念认为，婴儿骨盆和躯干运动能力是婴儿遵循生长发育规律，在不断尝试和纠正的过程中获取的。也就是说，婴儿不是通过教练指导，也不是通过专门的核心力量训练，而是自己不断摸索，找到正确的运动感觉和调动肌肉活动的方式，在这种尝试的过程中学会了激活核心肌肉系统。除了抬头之外，还有一个比较明显的例子就是婴儿翻身——从面朝上躺着变成脸朝下趴着；经过无数次失败的尝试后，某一天，婴儿终于学会了正确地控制核心肌肉，同时借助小手小脚的灵活性协同发力，翻身成功。此后，这个婴儿就知道在利用灵活性之前先运用稳定性。慢慢长大的婴儿学会走、跑和各种运动，在这个过程中自然地锻炼了自己核心肌肉的力量和稳定能力。这种根据运动需求而激活核心肌肉的自然训练和发展方式，在现今的“保持核心稳定”机械训练中十分普遍。

直到有一天身体不能动弹、生病或者受伤时，身体内在的智能系统仍然记得如何运用身体核心力量。运动康复和物理治疗领域在运用了核心知识和核心力量训练后，取得快速发展，这显现出核心训练的巨大作用。如今核心训练已经用于康复训练以外的领域，实质上已经深深地扎根于每一个体能训练项目中。有效的训练计划帮助我们在需要用到核心肌肉时第一时间激活核心肌群，从而安全有效地完成动作。

大多数情况下，必须有稳定的核心肌群发挥作用，才能有效地完成动作。以下测试就阐释了这一点（如果身体某个部位感觉疼痛，那么不要尝试这个测试）。

- 背朝下平躺在地面上，双腿贴地，向后伸直。
- 将右手放置在右侧骨盆顶端（名为髂前上棘），左手放置在左侧骨盆顶端。
- 抬高右腿，距地面约1只脚的高度，注意感觉抬腿时身体是轻松还是费力的，抬腿时骨盆是否发生扭转或转动。如果右手（原本在骨盆顶端）掉向地面，而你无法控制，说明你的核心力量可能很弱。
- 放下右腿，回到初始姿势，左腿继续进行同样的动作。

注意抬起时两侧腿、髋部、骨盆和背部感觉是否不同，是否抬起某一条腿时比另一条腿更轻松。如果身体核心肌群不平衡，一般会感觉有一条腿抬起来更重，因为抬腿时骨盆和背部扭转幅度更大，出现不平衡或失去支撑的感觉。如果做这个动作时感觉到身体失去平衡或支撑，那么说明核心肌群的活动很可能出现障碍。

建议进行核心稳定性训练项目之前，先评估自身的核心灵活性。在很多情况下，肌肉和筋膜紧绷会在神经方面限制肌肉的正常力量，导致力量减弱或不稳定。如果出现这种现象，首先应该进行拉伸训练（而不是增强力量或稳定性训练）。

核心灵活性

如果核心肌群发力受阻，力量减弱，通过有针对性的正确拉伸肌群可以帮助核心肌群释放力量。例如，屈髋肌群发紧，抑制臀肌活动，并在躯干、骨盆和髋部核心肌群作为原动肌时，取代核心肌群发力以稳定身体，那么通过有效拉伸屈髋肌群即可解决这个问题。但是，如果核心激活程度很小，或者拉伸后依然没有改善，通常意味着没有考虑到筋膜灵活性训练的关键：必须将整个筋膜网视为整体。对于紧绷的屈髋肌群来说，不仅要拉伸连接髋关节的局部屈髋肌群，还要拉伸正面筋膜网上的其他肌肉。整体筋膜网拉伸完成后，再重新进行测试，结果表明，如果局部拉伸的效果不够，整体拉伸往往会提升核心力量和稳定性。

除了核心肌群外，全身的柔韧性（包括正面，侧面或背面）也涉及肌肉、筋膜和关节的整体网络。如果身体一侧感到无力或不稳定（例如，持续加速冲刺约 27.4 米时出现的感觉），可能是因为一个或多个筋膜网中的一个或多个关节或肌筋膜受到限制。通过**筋膜拉伸**解除这些限制后，在功能性运动评估测试中身体的稳定性将有所提升。因此，拉伸可以改善或提升动态运动的稳定性。

灵活性和稳定性的平衡

在前面介绍核心力量时，我们曾提到婴儿在学会爬行和直立行走之前，首先必须加强核心力量。在物理治疗中也有一种说法：一般的灵活性必须以稳定性为基础。如前所述，一般的灵活性指人通过调动身体关节和肌肉，在不受阻碍且不引起身体疼痛的情况下移动身体部位的能力。实现这种移动，需要平衡身体的灵活性和稳定性。而灵活性和稳定性的平衡是功能性张力平衡结构的组成部分。

抬起手换天花板上的灯泡就是一个简单的例子。当你踮起脚尖，拉伸肩关节和肩膀肌肉，伸手去够天花板上的灯泡时，如果肩膀具备正常的灵活性和稳定性，你就可以毫不费力地完成换灯泡，也不会引起身体疼痛。如果肩膀发紧，也许你仍然可以换好灯泡，但是根据紧绷部位和程度的不同，会感觉到身体受到大小不一的拉伸或牵引作用力。如果你的肩关节比正常人的肩关节更松弛，那这个动作可能完成得更加轻松，不过，此时肩关节容易扭伤，感到疼痛、不适，或胳膊无力，具体的扭伤程度取决于肌肉稳定性缺乏的程度和部位，以及肩关节松弛的程度和具体部位。

正常情况下，灵活性可以看作一个范围，即从关节轻度松弛到关节微微紧绷。物理治疗相关领域称比正常关节更松的关节为**高灵活性关节**，比正常关节更紧的关节为**低灵活性关节**；两种关节都处于非正常的状态，如果关节状态不正常影响最佳运动能力的发挥，则应该进行治疗。这种身体结构的灵活性提高或降低因人而异。换言之，某些人所有的结缔组织都比正常人要松一些，而另外一些人体内全部的结缔组织都比正常人更紧；有些人可能上半身比正常人松而下半身比正常人紧；有些人可能只是单侧肩膀较松，而身体其他部位的灵活性正常。事实上，以自己身体的灵活性为标准来描述灵活性问题、解释身体各部位不同的灵活性可能更为准确。当为提高竞技能力做准备时，如果能采用这种标准，可以帮助我们满足具体运动项目需求。

柔韧性和功能性运动表现

在运动场上能否发挥最佳运动能力取决于我们是否对身体力量、爆发力、速度、敏捷性、反应灵敏度、平衡能力和耐力进行了最佳训练。如果筋膜系统的柔韧性不足，会对这些运动素质产生负面影响。柔韧性足够意味着能适应运动、训练和体能活动带来的所有压力，并且能成功恢复。人体的适应力主要通过筋膜网的结缔组织网来协调，这一网络又名为**生物张力平衡结构**（详见第 2 章），再加上大脑和神经系统的正常运作。拉伸致胜体系为利用拉伸动作评估和纠正灵活性不平衡的问题，提供了一种快速简单的解决方法，你可以在经过练习并掌握这个方法以后进行操作。在此，我们简要地测试一下柔韧性是如何影响功能性运动表现的各个方面的。

力量

已故科学家和生物力学专家梅尔 · 希夫（Mel Siff）博士对力量的定义为：“特定肌肉或肌群在特定条件下产生的肌肉力量的能力”（Siff, 2013,1）。他还指出，决定肌肉力量的主要因素不是肌肉块的大小，而是肌肉在有效神经刺激下能否强有力地收缩。这是所有力量训练的生理学基础。在体育运动中，力量训练是运动员比

训练贴士

筋膜的滑动

筋膜通过滑动结构移动，而滑动结构大多数情况下由筋膜的全系统张力来维持，即使当人体处于休息状态时也是如此（Schleip et al., 2012）。在运动过程中，人体的关节和神经系统也会滑动。皮肤和皮下浅层筋膜为深层密实的筋膜提供了缓冲层，便于深层筋膜滑动。深层筋膜覆盖于肌肉、其他结缔组织和骨骼上，在正常运行过程中，有三层额外的筋膜可以彼此间相互滑动（Schleip, 2015b）。血管和神经被浅层筋膜包裹。筋膜中 80% 的游离神经末梢是人体内本体感受体系的关键结构，这些神经末梢会强化人的位置感、改进运动的准确度。影响、限制或阻碍筋膜滑动或滑动能力的因素将对身体构造和功能产生负面影响，其中包括运动表现。这些负面影响包括姿势和运动功能障碍、本体感受缺陷、肌肉激活模式功能障碍、神经协调障碍、运动学习能力下降等。

赛训练必不可少的部分。任何减弱肌肉力量或降低神经系统响应速度的因素都不利于运动员发挥最佳水平。因此，如果筋膜没有柔韧性或适应力（例如无法移动、脱水、粘连、不平衡），那么肌肉和力量将无法达到最佳状态。

爆发力

生物力学中，爆发力的大小由一个或多个关节活动度内力量和速度的大小共同决定。对此，科学家以数学算法进行计算机建模，并运用多媒体摄像机分析运动的复杂性。此处，我们只关注肌肉和筋膜是否因为扳机点、瘢痕组织、关节高张力以及高灵活性，或其他问题发紧而无法产生足够的力，从而无法提高身体运动速度，导致关节爆发力全面减弱。任何原因引起的肌肉紧缩都会减弱爆发力。

例如，如果肌肉局部受限，则肌肉张力增加、应激亢进，对内部和外部刺激产生响应的阈值下降（Lavelle et al., 2007）。做接球等爆发性快速动作时，即旋转肌群被激发时，肌群中的扳机点导致错误肌纤维发力，从而导致接球速度降低、接球不准、容易疲惫等问题。扳机点能够体现出新陈代谢的改变——由于局部血流量过少，主要引起肌肉显著缺血和缺氧。扳机点还会减弱一些运动员的耐力，例如马拉松运动员、长距离游泳运动员和自行车比赛运动员。同样地，扳机点还会降低筋膜的灵活性（如前所述），如果不加以处理，将会降低人体施力的能力。

速度

身体很紧时，动作不如身体结构较松时速度快，而且效率有所下降。本书中拉伸致胜体系的目的就在于使身体摆脱束缚。当我们跟运动员说让身体松下来时，对于这个“松”字，我们应当定义一下，这里所说的“松”不是指当身体不稳定或过于柔韧时，身体处于松散状态；而是指我们训练或比赛时，身体没有束缚，感觉可以自由地活动自己身体的各个部分。

与我们共事的职业橄榄球运动员经常谈到，身体发紧的感觉就像想要全速跑步冲刺时，身体被踩了刹车一样。有时，为了避免拉伤股后肌群，他们不得不选择放慢速度。尽管教练非常厉害，但他们发现自己还是无法最大限度地发挥出身体的速度潜能。教练可能开始想，是不是他们在偷懒或者不够尽力，而运动员因为总是无法发挥出身体运动能力，会逐渐开始对自己失望。

运用拉伸致胜体系提高身体灵活性后，运动员的速度得到了提高，同时他们的状态也明显好转。我们的客户运用拉伸致胜体系进行拉伸训练后，普遍的反应就是感觉身体轻松多了，行动也更加自如。现已退休的艾米特·史密斯（Emmitt Smith）原来是一位橄榄球明星运动员，完成第一期拉伸训练后，他说：“这让我感觉年轻了 10 岁。”

敏捷性和反应灵敏度

敏捷性的经典定义是指突然减速、改变运动方向和再次加速的能力。而反应灵敏度，根据梅尔·希夫（Mel Siff）博士给出的定义，是指中枢神经系统无须预先拉伸，直接刺激肌肉发挥作用的能力。希尔博士进一步指出，反应灵敏度是在无须对抗任何显著的外来阻力，也没有很大的力量、爆发力或体能支撑情况下的能力。希尔博士提到，尽管中枢神经系统是反应能力的生成器，但是他承认，在科学实验中，单独的神经传导速度并不能解释反应灵敏度及其变化。那么，对于由肌肉和骨骼组成的人体，如何计算其反应灵敏度和敏捷性呢？

回顾第 2 章中我们就筋膜的性质进行过的探讨。想象一下，在人体皮肤下面有一个非常智能、对触觉敏感、协调统一的完整网络系统，这个系统就像一只长筒袜一样包裹在所有的肌肉、肌腱、韧带和骨骼上面。然后再把这只长筒袜想象成一件紧身衣。试着更深入地想象筋膜如何包围和连接每块肌肉、每个器官和每条血管。现在，想象有一只飞虫马上要飞到眼睛里边去，除了眼睛之外，身体筋膜调动了几乎每一块肌肉帮助身体躲避飞虫；或者想象身体快速躲避一个快速飞来的棒球；或者冰球运动员在冰面上快速滑行的同时迅速地调整身体姿势，进行击球动作。希夫博士（Mel Siff, 2003）指出，这种即时通信信号同时向人体所有系统传送的速度比神经信号要快得多。这是因为不受限制的筋膜系统的功能类似于生物张力平衡结构，对身体做出的每一个动作，无论动作大小，都能做出相应的反应。反应灵敏度和敏捷性以及力量、爆发力和速度这些身体运动性能，都高度依赖于完整且平衡的筋膜网。如果身体出现任何移动受限的问题，这些运动性能都将被削弱。维持身体筋膜的柔韧性可以避免出现这类身体活动受限问题。

柔韧性和功能性技能

当达到运动表现金字塔的第二层后，运动员需要面对的下一个挑战就是在功能性技能训练时，集中精神，使身体处于放松状态，适时而动。事实证明，我们的专业运动员和其他顶级运动员在持续运用我们的拉伸致胜体系后，他们的最佳运动表现水平和技能水平都保持在最佳状态。根据灵活性评估结果，为运动员量身定制属于他们的训练计划。评估灵活性可使用两种行之有效的方法：由经过认证的专业人员进行的筋膜拉伸疗法（FST）和结合筋膜灵活性训练的筋膜灵活性评估。本书将在后面详细论述这两种方法。

第 5 章将会教你如何评估自己的身体，以及评估会如何影响训练和运动表现；同时将介绍新的技能，让你既能正确评估自己的身体，又能快速实施解决方案。在这个过程中可能会出现其他问题，但通常情况下，如果坚持练习拉伸致胜体系的训练项目，专业人士能够更快地解决你的问题。我们的拉伸致胜项目旨在帮助你克服大多数代偿运动，因此遗留问题能够被发现并轻松地解决掉。

第 5 章

柔韧性评估

评估柔韧性并不是简单地测试关节活动度，而是测试身体对运动的反应。因为结缔组织（筋膜）是人体内常见的组织，它含有大量的感应器来调节身体对运动的反应，所以对于运动员来说，知道如何评估和训练筋膜是有必要的。运用精准的**筋膜灵活性评估（FMA）**来检测体内的筋膜是否阻碍运动是进行所有训练项目之前必不可少的一步。

本书前面提到过，筋膜是一张结缔组织网，需要在一定的平衡张力下才能正确发挥作用，因此可以对人体内筋膜的张力进行评估并且可以在必要时对张力进行调整。这一点很重要，因为很多研究表明，大多数运动损伤都发生在筋膜处（Schleip et al., 2012; Schleip, 2015a, 2015b）。在本章中，你将会学习如何评估身体柔韧性调整筋膜张力，以达到和保持最佳身体灵活性和运动表现。你将学习如何进行评估，以解决可能导致慢性疼痛、虚弱以及影响运动和行动能力的问题。本章的关键是学会运用评估正确地定位和消除一个或多个筋膜运动网上的障碍。

什么是筋膜灵活性评估

筋膜灵活性评估能够帮助人们确定问题的根源，引导人们找到解决方案，纠正欠佳的表现，以及找到疼痛、酸痛、虚弱和不适的根源。筋膜灵活性评估的三个主要目标如下。

1. 识别出现问题的身体部位，找到快速解决方案。
2. 设计和执行柔韧性训练计划。
3. 再次评估，不断取得进步。

定期使用筋膜灵活性评估的好处是提升运动表现、防止受伤和保持最佳的身体运动状态和精神状态。

需要注意的是，未经评估和没有发现需要拉伸的具体部位之前，盲目地开始拉伸训练对任何运动员来说都是不明智的。也许你足够幸运，在没有进行评估的情况下直接投入拉伸训练后身体的柔韧性增强，运动能力也得到了提升，这当然再好不过了。不过，你也有可能刚好过度拉伸了身体的某个部位，导致运动表现下降和受伤的风险增加。在运动之前进行筋膜灵活性评估可以避免这些风险。

医学专业人士可能难以确定患者出现疼痛或运动问题的确切原因。例如，在医学领域中，成功治愈腰背部慢性疼痛的记录少之又少。如果一个人不但有腰背部慢性疼痛的症状，还患有营养不良、肥胖、骨关节炎或其他疾病（例如糖尿病、心脏病）及受伤情况（例如韧带拉伤、肌腱炎），治愈的难度就会更大。虽然本书最初是写给运动员和健身爱好者的，但我们也成功治愈了很多有疾病的客户（他们都是经过专业医生的许可，加入我们的训练项目），因此我们强烈建议您也加入我们的训练项目。

进行筋膜灵活性评估

一共有两种筋膜灵活性评估方法：快速筋膜灵活性评估和完整筋膜灵活性评估。

快速筋膜灵活性评估

快速筋膜灵活性评估方法又称为**快速测试**，适用于解决非严重损伤的问题。如果它确实对你有帮助，那么表明筋膜灵活性评估帮你消除了轻微的问题，而这些小问题本来日后可能会发展成慢性疾病或更严重的问题。

快速测试的五个步骤如下。

步骤 1：测试最差的功能性运动。

你可能不止在一个动作上有问题，试着挑一个让你感到最不舒服或最大限度限制你运动的动作（例如，限制跳跃、跑步、投球和摆动手臂等运动的动作）。

步骤 2：找出你觉得有问题的部位。

找出你的上半身、下半身可能存在问题的部位。

步骤 3：留意是哪些灵活性序列识别出一个或多个运动问题，并且留意感到疼痛的部位。

下面列出了第 6 章包含的灵活性序列，对其中与你的问题部位相关的序列进行测试。写下受到限制、灵活性差或受到阻碍的具体运动，指出身体的什么部位感觉到了疼痛。

- **伟大八组拉伸项目**，包括上半身核心四组和下半身核心四组（参见100页）。
- 只针对下半身的核心四组拉伸项目（参见102页）。
- 只针对上半身的核心四组拉伸项目（参见112页）。

伟大八组拉伸项目指八个关键动作，分为上半身核心四组和下半身核心四组。这些动作对身体特定部位的灵活性进行测试，帮助你能够识别出身体的哪些部位灵活性欠佳。然后，你可以运用这些信息纠正和提高身体的灵活性。

步骤 4：量身定制自己的拉伸计划。

使用这些序列中的一个或多个项目量身定制自己的拉伸计划，并且遵循以下指示。

- 如果身体两侧都受到运动限制，拉伸身体两侧，直到灵活性得到最大限度提高。遵循表5.1自我拉伸训练计划参数（参见87页）。
- 如果身体一侧受到的限制更大，运用2：1的拉伸动作次数比例拉伸身体两侧，从受限更大的一侧开始拉伸并在这一侧结束拉伸，尽可能多地重复练习，直到两侧感觉一样灵活或灵活性提高到最大限度。

步骤 5：重新测试自身的功能性运动。

重新测试自身的功能性运动，检查自身灵活性水平。完成拉伸训练计划后，重新测试动作。

- 如果受限的部位感觉更好或恢复正常，紧接着进行一个保持拉伸效果的计划。
- 如果感觉和以前一样，按照以下方式改变参数：做波浪式拉伸运动（详细内容参见第3章），这将会循序渐进地增加拉伸的强度和时长，每天重复该拉伸计划，直到身体部位感觉正常；紧接着，进行一个保持拉伸效果的计划。
- 如果三天之后完全没有改善，或者同样的问题重新出现，在拉伸之前进行自我肌筋膜放松测试（参见本章第78页），重复同样的拉伸计划。三天之后，如果依然没有任何改变或者身体感到更糟糕，进行下面描述的完整筋膜灵活性评估，咨询经过认证的筋膜拉伸疗法人士或者寻求专业医学人士的帮助。

快速筋膜灵活性评估案例：安迪（Andy）

安迪，28 岁，职业是销售，精通武术，参加过 CrossFit Games。以下是他首次快速评估的简要结果。

步骤 1：测试最差的功能性运动。

安迪表现差的功能性运动：

- 借力引体向上（一种摇晃的引体向上）；
- 倒立行走。

步骤 2：找出你觉得有问题的部位。

安迪有问题的部位：

- 双侧肩部慢性疼痛和肩部无力，持续了一年；
- 腰背部酸痛、紧绷，持续了三年。

请注意：脊柱推拿疗法、按摩以及自我轻捶（自我肌筋膜放松的一种类型）只能起到短暂的缓解作用。

步骤 3：留意是哪些灵活性序列识别出一个或多个运动问题，并且留意感到疼痛的部位。

- 上半身核心四组：背阔肌，左侧背阔肌比右侧背阔肌问题严重。
- 下半身核心四组：髋部屈肌，右侧髋部屈肌比左侧髋部屈肌和整个腰背部的问题严重。

步骤 4：量身定制自己的拉伸计划。

安迪的训练计划如下。

- 髋部屈肌：从右侧开始并在右侧结束，以2：1的拉伸动作次数比例重复训练。
- 背阔肌：从左侧开始并在左侧结束，以2：1的拉伸动作次数比例重复训练。
- 随着训练次数的增多，进行快速重新评估以纠正身体存在的不平衡问题，有利于运动员尽快开始1：1的拉伸动作次数重复训练。

步骤 5：重新测试自身的功能性运动。

- 在只进行一次拉伸训练后，安迪便觉得背部和肩部灵活性提升了50%。
- 每天进行拉伸，坚持拉伸一周之后，安迪身体的灵活性提升了75%，然而，在接下来的一周，安迪身体的灵活性没有进一步提升。
- 做完髋部屈肌和背阔肌的自我肌筋膜放松后，接着对上述部位进行拉伸训练。一周内，安迪的功能性运动完成表现提升了100%，没有疼痛感。

总结：三个月后，安迪依旧没有感觉到任何疼痛，并且功能性运动正常，在举重训练和运动表现中刷新了个人最佳纪录。安迪每周有 5 天会进行伟大八组拉伸项目，训练结束之后做 20 分钟的慢速波浪式拉伸，以便恢复体能；同时，在训练之前做动态热身运动，其中包括 10 分钟的快速波浪式拉伸。

完整筋膜灵活性评估

完整筋膜灵活性评估方法又称为**完整测试**。虽然通过前文所述的快速测试方法能解决很多问题，但完整筋膜灵活性评估方法更详细，有助于找到问题的根源，通过自我疗法来解决这些问题。

完整测试的六个步骤如下。

1. 创建个人记录。
2. 进行姿势评估。
3. 进行运动评估。
4. 进行身体组织评估。
5. 回顾评估结果。
6. 制订计划。

步骤 1：创建个人记录。

创建个人记录的目的是检查以前是否发生过事故或有运动损伤，这些因素可能导致运动表现不佳。同时，这些信息有助于说明产生慢性疼痛、酸痛或损伤的原因。

创建个人记录之前，应当了解“症状”和“迹象”这两个词的基本区别。

- **症状**指主观的疼痛、酸痛或运动时产生的不对劲的感受。
- **迹象**是客观的，它可以是任何表明运动看起来或感觉不对的东西。评估这一点的一个好方法是比较用身体两侧做运动时的运动表现和感觉。如果身体两侧都有问题，那就与身体没有出现变化之前的感觉进行对比。如果感觉到不对劲，那说明身体出现问题，这些问题会对运动训练和表现产生负面影响。

在个人记录中，无论做过何种外科手术，都记录下来，要记录手术类型、手术日期及具体的手术部位。如果手术很成功，身体的问题得到了解决，将这些手术与有遗留问题的手术分开记录。如果有后遗症的手术数目较多，按照时间顺序由近及远地记录并编号。对所有创伤进行记录，因为这些将对运动表现产生负面影响。

创建当前的身体健康记录，描述存在的身体问题、不适症状、受伤情况，以及保健医生的诊断意见。健康且没有受伤经历的运动员，如果身体缺乏灵活性或运动模式有缺陷，那么可能有很多原因。虽然对运动训练和错误运动模式的全面讨论超出了本书的范围，但是对肌肉紧张、关节僵硬或活动受限、筋膜活动受限或疼痛而引起的许多常见问题，运动员可以通过自我评估自行解决。

做特别动作时，身体可能会出现疼痛和酸痛感。有时候你可以轻松地找出紧绷或疼痛的具体部位，该部位的不适有可能是局部问题引起的。但另外一些时候，这种不适症状的具体部位很模糊，涉及多个关节、肌肉、肌腱和韧带，这可能是跨越多个身体组织的全身整体性的问题。完整筋膜灵活性评估会运用更详细的筛查测试来检测体内究竟有哪些问题。

回答以下问题，记录你出现的所有症状。

1. 身体是否疼痛或僵硬?

如果答案是肯定的，这种感觉是遍布全身，还是局限于身体某个部位？首先，记录下所有紧绷、僵硬或有疼痛症状的身体部位。然后，给每一个部位编上序号，受影响最大的部位编号为1，受影响第二位的部位编号为2，以此类推。记录完所有症状并编好号后，将这些数字写在本章结尾的综合评估表格中的身体图解的相应位置，排成一个圆圈（参见表5.2）。圆圈中有数字即代表此处存在局部疼痛。如果疼痛感向上、向下或者向四周传播，画一条线，末端加一个箭头，表示不适感朝哪个方向延伸、延伸的距离有多远。将身体不适的具体部位以这种可视化的方式准确记录下来，不仅可以使我们了解哪些部位应该重点训练，而且可以帮助我们追踪柔韧性进步的情况。

如果感觉身体很疼或者近期受过伤，应该暂时中断评估或拉伸训练，寻求专业人士的帮助。如果在体育运动前、运动中和运动后因身体僵硬或紧绷感到酸痛或不适，则可以继续进行此项评估。

2. 除了疼痛、酸痛和紧绷感之外，是否感觉身体还有其他不对劲的地方?

例如，你可能感觉并发现双腿长度不一，走路或者跑步时感觉身体不平衡、动作不对称；跑步时两只脚的感觉不一样，与一只脚相比，另一只脚的足弓在跑步时感觉要塌掉一样，或者这只脚更不稳定，更容易扭伤。将这些情况记录下来，在之前记录的症状顺序后面编号，并简短且准确地描述身体的具体感觉，以及对运动表现的具体影响。

步骤2：进行姿势评估。

进行姿势评估时，运动员必须只穿内衣裤，站在全身镜前面，透过全身镜来检查姿势。在第 2 章中，我们探讨过筋膜的功能以及筋膜的压力和张力模式对身体姿势的影响。其中说到，筋膜像一张网，压力和张力在这张网上产生压缩和拉伸作用，使得这张网失准，从而导致运动能力下降。例如，一侧背部较紧，会使投球手投球失准、潜水员潜水失败、体操运动员动作不到位、篮球运动员投不中球等。这种现象之所以会出现，是因为身体单侧较为僵硬，扰乱了肌肉正常活动模式，产生效率低的代偿模式。运动代偿模式最终导致身体慢性疼痛，使运动员无法长期从事该运动项目。

姿势评估可以让人们看到可能被压缩或拉伸而失准的筋膜网。完成筋膜灵活性评估的所有步骤后，就可以知道身体的整体柔韧性情况了。然后根据这些持续更新的发现和记录，制订个人柔韧性训练计划，并根据不同的身体状况和运动需求，不断改良这个计划。最终，通过快速而准确地发现问题、解决问题，使身体免受伤害，同时运动表现也达到最佳状态。熟练运用筋膜灵活性评估，意味着你掌握了身体、精神管理和控制的方法。在这一过程中，你的意识逐渐增强，也变得更加依靠自己、更加健康和更加自信。

当站在全身镜面前检查自己的身体姿势，试图发现身体左右两侧、前后部分，或头、躯干和四肢姿势中不对称、不平衡的地方时，我们并不是以要将身体与某一部分完全对齐的标准模型来进行对比，而是要寻找一些相对对称的部位，以及粗略感知整个身体在纵向和横向空间内的基本形态（和感觉）。这种形态是一种高度流动的流体形态，而不是某一个健康身体的固定压缩样板（记住，身体 2/3 的成分是水）。因此，观察身体姿势时，不要盯着某些小细节，而是要着重从整体上区分身体某一个部位看起来是否和另一个部位不同。这需要多多练习，练习越多，越能够发现身体姿势存在的不平衡状况。

本书重点关注如何通过拉伸筋膜系统来改善身体整体柔韧性，因此我们只讲述肌筋膜活动受限的辨别方式和消除途径。如果肌筋膜导致姿势不平衡或动作不协调，那我们的拉伸致胜体系就能帮助你解决这些问题。如果使用我们的拉伸致胜体系后，问题没有得到解决，应该前去寻求专业医生的帮助。如果运用筋膜灵活性评估训练 4 周后，你感觉自己有姿势不良或者无法有效活动的情况，请考虑预约经过认证的筋膜拉伸专家，向他们寻求帮助。

如果你和大多数人一样，只有一面平面全身镜，一次只能看到身体的某一面（与在健身房的全景镜中看到的不同），那么使用这种镜子时，一般只能看到身体正面。但是，用这种镜子进行筋膜灵活性评估时，同样需要记录身体各个角度的姿势，除了正面之外，尽量将身体其他面的问题也记录下来。例如，如果发现右肩比左肩低，在所有角度的视图中（正面图、侧面图和背面图）都应该做右肩更低的标记。

头部

头部位置很重要的一个原因是眼睛会在眼眶内转动来适应任何不对称。观察自己的下巴是与锁骨上的凹槽口对齐的，还是向一侧倾斜；有没有一只耳朵看起来比另一只低；头是不是有点歪。将观察到的不对称和未对准的身体部位记录下来。这里提到的身体结构不对称，以及其他不对称现象，可能与关节、韧带或肌筋膜紧绷有关，也可能是颈椎受伤或其他头颈部受伤导致的。此外，坐姿习惯不良也可能导致头部位置偏移。例如那些一整天都坐在计算机前工作的办公族，刚开始可能还坐得比较直，慢慢地脊柱就开始弯曲，头往前伸，下巴往屏幕方向探。这种头往前伸的姿势对颈部的剪切力特别大，导致脖子下部过于放松，而脖子上部过度伸直。这种姿势最终可能导致眼睛在眼眶内产生代偿性转动，即眼睛在眼眶中向下转动（看向鼻子）。眼睛可以直接激活身体所有肌肉，可引发的反射性动作也特别多，眼睛和头部姿势的变化会向下传播并影响身体其他部位。这种效应使身体在进行体育运动时产生动作代偿模式，最终在身体肌筋膜产生额外的压力和张力，从而引发身体柔韧性问题。

再举一个类似的例子：一个惯用右手的女性高尔夫球手，其头部姿势略微从中央往右扭转，那么她的眼球为了补偿头部右转这个偏差，会自然地向左偏移。当她需要击球，做后挥杆动作时，因为头部无法保持相对于身体微微左偏的姿势，所以身体不得不做出其他补偿动作。事实上，她可能长期无法将身体摆出理想的击球姿势，因此击球时身体转动不流畅，击球动作显得非常别扭。这就是柔韧性缺陷的红色预警。在我们的诊室中，我们见过很多次这种情况。

肩膀

观察锁骨是否水平，两边锁骨是否对齐，双侧锁骨或单侧锁骨是否向上或向下翘起，两边肩膀高低是否一致，有没有一边肩膀比另一边更往前倾。把你观察到的异常姿势都记录下来。

据统计，有很大一部分惯用右手的人右肩比左肩低。关于这种姿势是否属于不正常姿势，不同的专家有不同的意见，因为毕竟存在这个问题的人这么多，而大多数人并没有表现出明显的不适或身体疼痛。

当然，并不存在完美或理想的姿势。每个人的体形都有差异，怎么能限定哪些是好的、哪些是不好的呢？不过，观察自己是否单侧肩膀较紧绷，或者明显与另一侧肩膀不在一条水平线上，还是有意义的。身体静止时观察到的所有差异在运动时都会表现出来，在后面进行动作评估时你将发现这一点。

我们在诊察时发现，一般来说，运动员常用的一侧肩膀不仅比另一侧肩膀低，而且也更往前倾。肩膀往前倾的坏处在于，它会对脖子产生牵拉作用，导致脖子位置发生代偿性偏移。脖子位置偏移会引起神经受压或颈椎间盘突出。希望你能够意识到，在造成身体永久性伤害前尽量避免出现肩膀姿势异常，实属明智之举。

肋骨

观察肋骨是整体集中，还是往左侧或右侧偏移；肋骨一侧是否比另一侧更向外突起。肋骨偏移或位置扭转与头部姿势不正导致的身体运动问题有些相似。如果你在做一项体育运动，要求肋骨向与其偏移方向相反的一侧自由转动时，例如做挥动球棒或球拍动作时，身体将受到阻力，不得不勉强发力完成这个动作，不但效率低，而且会对身体造成伤害，或者身体还将采用动作代偿模式，用另一个动作路径完成挥动球棒或球拍动作。经过多次尝试，你可能会很好地适应这些动作，但是付出的代价也不小——身体被额外压缩并且肌肉张力损耗。每完成一次动作，对身体的伤害就累积一分，服药只能掩盖不断累积的问题。

骨盆

掌心朝下，手指水平向前伸，用手指按压骨盆上边缘，感觉骨盆两侧是否一样高。如果骨盆一侧高于另一侧，这可能意味着这条腿比另一条腿长，另一条腿更短，这种短不是由骨骼长短导致的，而是体内肌筋膜紧绷引起的。这种现象产生的一个常见原因是腰方肌（QL）紧绷。腰方肌位于下背部和腰部，连接脊柱下部和骨盆上部，并将脊柱下部和骨盆上部连接到腰椎每一块骨骼上。另一块紧绷时会导致两腿长度差异的肌肉是腰大肌。腰大肌是维持身体姿势的肌肉之一，这块肌肉很长，连接身体脊柱下段上的每一块骨骼，穿过髋关节，与股骨或大腿骨内侧相连。两腿长度不一致，影响跑步、滑雪、跳跃或其他任何需要用到腿部的运动，并可能导致脖子、肩膀、背部、髋部、踝关节和脚部疼痛。一旦查明引起身体问题的原因，就可以制订运动计划，解决相应身体问题。

髋部

只要看一眼镜子中膝盖和脚的位置，就能知道髋部是否较紧绷。后面我们将具体讲述膝盖和脚的姿势，这里我们探讨膝盖和脚与髋部之间的关系。

髋部较紧，在身体姿势上，常见的表现形式就是单侧或两边膝盖和脚外翻。一个正常、放松的腿部站立姿势应该是脚趾可能有一点外翻，但是膝盖骨一般是朝前的。如果髋部很紧绷，相对于上述正常位置，膝盖和脚将明显外翻。因此，行走、跑步和弓步动作效率会更低，速度降低、力量减小，而受伤的风险增加。注意观察自己膝盖骨和脚的位置，可以发现它们与深层髋部外旋肌群（位于臀大肌下面）紧绷相关。

膝盖

观察自己的膝盖骨。看看自己的两只脚是否位于髋部正下方，双脚轻微分开正常站立时，膝盖骨是否朝向正前方，其中一个或两个是否内旋或外旋；两腿膝盖是否内扣，甚至挨到了一起（膝内翻），是否向外翻（膝外翻），或者其中一条腿的膝盖向内或向外弯曲；双腿或一条腿的膝盖是否过度伸展（膝反屈），是否轻微弯曲。将观察结果准确记录在你的筋膜灵活性评估中。

腿部膝盖的位置，或称姿势，取决于先天条件、髋部和足弓的功能塑造，以及双脚在某一特定时刻的姿势。当身体下肢结构失准时，无论原因是什么，膝盖都更容易受伤。结构失准导致膝盖处于不稳定状态，膝盖的韧带容易扭伤和断裂。例如，某些运动员过去无数次重复都成功完成的动作，如果在身体结构不平衡时做这个动作，可能导致膝前交叉韧带断裂。

脚部

向下俯视，观察自己的两只脚是相对平行，还是轻微向外张开。如果两只脚向外张开的角度很不一样，或者严重内收或外张，可以向前走动几步，停下，再观察此时脚的站立姿势是否有变化。如果走几步之后，脚的位置发生了变化，说明最初的站立姿势可能不是你正常的站立姿势。如果走几步之后，脚的姿势还跟刚才一样，那么可以认定这就是你正常的站立姿势了。正常站立时，双脚是否呈内八字或外八字；足弓看起来很平，完全贴着地面，还是比较高，能承受更多重量。

从自然站立时脚的姿势可以看出膝盖和髋部受到的压力和张力情况。如果你的足弓太低，或者直接接触地面（扁平足），用我们的拉伸致胜体系进行训练后还是没有得到改善，此时也许应该考虑进行器械矫正训练，专业医生会告诉你如何选择矫正器。如果你有足弓过高的问题（高足弓脚），这种情况并不常见，你应该咨询专业人士，他可以告诉你如何挑选一双合适的运动鞋。无论如何，脚部是支撑身体的重要基石，让脚部发挥正常功能会提升身体其他部位的结构性和平衡性。

最后，闭上双眼，用心感受站立时身体的受力状态。感受双脚受力是否均匀，是否有一只脚承受了更多重量，身体重量是落在双脚脚跟还是双脚前半部分（或者落在某一只脚的脚跟或前半部分）。静下心来仔细感受自己的身体后，从头到脚在脑海里过一遍，仔细感知身体所有部位的张力、紧绷或酸痛。将这些发现记录下来，描述你的感受，并在身体图解中标记相应的位置。这是追踪身体的姿势、感觉和运动表现重要的一步。

步骤 3：进行运动评估。

现在我们已经记录了身体的各种不适症状（步骤 1），检查了身体姿势（步骤 2），是时候检查一些简单的基本运动模式，通过你做运动的方式来评估特定的筋膜网运动了。如果因为关节活动度小，无法正确完成简单动作，或者完成简单动作时身体疼痛，那么你发力完成比赛和训练时的复杂动作将更加困难。例如，有一名运动员是棒球投球手，他的肩膀存在向外旋转和外展的运动缺陷，那么这名运动员早晚有一天会出现严重的肩部和肘部问题，同时他身体的其他部位也会出现严重问题，这是因为肩膀运动缺陷会导致身体进入代偿动作模式。即使首次评估没有发现任何不平衡问题，也应该时不时地进行自我评估，看看在经历了一天的辛苦劳动或经过一整天高度紧张的比赛后，身体是否依然处于平衡状态。

开始之前，我们必须牢记：和身体姿势一样，不存在理想的身体灵活性。但是，存在一个对于运动来说正常的身体灵活性。何谓正常，在我们与客户沟通过程中，发现恰当的诠释是：正常活动时完成动作毫不费力，且身体不疼痛。身体不疼痛就不需要解释了，毫不费力的意思是动作轻松流畅。我们也可以将这个概念运用到体育运动中。虽然完成体育运动需要更大的爆发力，但当你做好充分的热身运动之后，做几组无负重的跳跃、推、拉、冲刺等，也会感觉相对轻松，没有疼痛感，也不会出现活动受限或虚弱的现象，这说明你具有正常的身体灵活性。如果身体有任何异常感觉，表明你应当进行自我评估，在这些异常问题发展成严重问题之前，查明并解决它。如果需要纠正拉伸和 / 或运动模式，这就是很好的起点。我们将在后面详细探讨这个问题。

自我评估时，做任何动作都不应该屏住呼吸。如果在评估时，猛然发现自己不知何时屏住了呼吸，需要检查一下，身体是否有哪些部位受到了限制，导致自己屏住呼吸。做流畅的动作时不应该有身体发紧、抖动的迹象，身体不应该发出声音。很多人习惯忽视这些提示身体结构不平衡的迹象，那么多年以后，这些身体问题逐渐复杂化，发展成慢性和严重的疾病，如肌腱炎、黏液囊炎和骨关节炎等。与普通大众相比，运动员会更早受到这些疾病的折磨。

根据不同运动项目的需求，最佳灵活性或活动范围往往不同。对于某些运动来说，特定身体部位过度灵活是有益的。例如，膝盖过度柔韧对于蛙泳运动员来说就是一个优势，可以帮助他们快速蹬腿划水。但是，如果不注意维持膝盖良好的稳定性，过度的灵活性就会逐渐发展成严重的问题，极大地损伤膝盖，迫使他们终止游泳生涯，并且膝盖问题还将伴随终身。灵活性应该刚好能适应比赛项目的需求，不松也不紧。与专项教练、体能教练坦诚地探讨从事运动项目需要的灵活性，有助于确定灵活性训练目标。然后，通过完成筋膜灵活性评估，你可以在问题恶化前及时发现潜在身体灵活性问题。运动评估分为两部分：功能性运动评估和筋膜灵活性评估。

功能性运动评估

评估运动的一个方法是在运动或体能活动之前做热身动作时评估自己的感受。当感觉自己强壮、稳定和可以进行动态动作时，你便做好了在运动中加入技能训练和高阶动作的准备。以下是你在做训练前的热身动作或预备动作时可能会留意到的需要纠正的身体不平衡的例子：

- 僵硬
- 紧绷
- 不灵活
- 平衡性不好
- 缺乏协调性
- 缓慢
- 沉重

做完常规热身运动和专项运动的训练动作后，列出所有感觉到不平衡的身体部位。身体应当感觉强壮、灵活、快速、协调和平衡。身体不平衡的一些例子是当你做弓箭步前进、高抬腿跑、冲刺、踢腿、拳击或其他动作时，身体一侧感觉比另外一侧受到更多限制、运动速度更慢或感觉更吃力。

此外，有些运动前的预备动作属于常规部分，记录在这些运动中遇到的问题，例如没有取得满意的进步、进入了平台期、没有克服运动中的困难或者运动表现没有达到最佳，等等。这些运动包括举重训练中的特定推举（尤其是能将身体两侧进行比较时）或结束预备运动的其他动作。身体一侧或两侧无力、活动受限或体形变化等都是需要列出来的身体不平衡的例子。

最后，在体育运动或训练结束后，将身体感到紧绷、僵硬、酸痛或无力的所有部位记录下来。如果这些问题没有消除，将会对你的运动表现产生负面影响，甚至导致受伤。

筋膜灵活性评估

筋膜灵活性评估是评估身体内结缔组织系统的运动情况。针对每一个筋膜网的基础拉伸动作详见第 6 章。

应当评估哪一个筋膜网呢？如果你刚刚完成了基础动作评估，运用第 2 章中筋膜网图示识别出受限的筋膜网。如果你知道了需要拉伸哪些筋膜网，就可按照第 6 章中针对特定筋膜网的方法进行拉伸训练。

如果在功能性运动评估中没有发现任何活动受限的部位，那么可以运用第 6 章的内容进行筋膜网受限测试。进行表 5.1 中的恢复和保持拉伸训练计划，以及运用自我拉伸计划参数，再次对动作进行评估。如果身体灵活性有所改善，接着进行表 5.1 中的恢复和矫正拉伸训练计划。

最后，对在游戏、竞赛或比赛中有问题或者感觉有困难的一个或多个动作进行多次评估。由于真实运动的不可预见性，以及爆发力和力量要求，有些运动中出现的问题难以重现或模拟。

有了上述提及的动作评估的例子，你可以找出身体组织出现问题的源头及相应的解决方案。只有在执行步骤 3 之后，身体灵活性没有显著提升，才可以执行步骤 4。如果执行步骤 3 之后，身体的灵活性确实有所提升，请直接执行步骤 5。

步骤 4：进行身体组织评估。

在步骤 3 中，你已经确定了限制身体灵活性的特定筋膜网。在步骤 4 中，我们将指导你进行评估，看看在肌腱连接处进行的自我肌筋膜放松是否会显著、高效地提升身体的灵活性。如果它确实能够提升身体灵活性，那么我们推荐在拉伸之前进行自我肌筋膜放松。如果它不能提升身体灵活性，跳过它，直接执行步骤 5。第 2 章论述过正面筋膜网的相关内容，提及可以进行自我肌筋膜放松来缓解身体软组织中的局部限制。这会使你更有效地拉伸和运动。在本书里，限制对肌肉和肌腱部位进行自我肌筋膜放松是产生正面效果最快的技巧之一。

第 2 章详细论述了粘连、变厚和扳机点等筋膜灵活性障碍。这些常见的局部活动受限似乎存在于身体软组织的任何地方，包括肌肉和肌腱部位。自我肌筋膜放松可以消除或缓解这些问题。在继续学习下面的内容之前，如果你忘记了 FMBs 那一部分内容，我们建议你回顾一下。

自我肌筋膜放松测试

高尔基腱器是位于人体肌腱的感知器，人们至今还没有完全了解它。根据我们的经验，用适当的压力刺激高尔基腱器有助于释放、放松和增加邻近的肌筋膜和关节的灵活性。如果拉伸运动或其他训练无法消除你体内所有的灵活性限制，你可以轻轻地或非常缓慢地将你的肌肉和肌腱部位放置于半结实的物体的上方或下方，例如专门针对这一问题设计的球或滚筒。如果你已经做过自我肌筋膜放松或类似运动（例如软化、翻转或捶打身体组织），尝试将你的技巧运用于你在步骤 3 中识别出的限制运动的肌肉和肌腱部位。

以下是对筋膜网内的肌肉和肌腱进行自我肌筋膜放松的基本说明。

- 运用图5.1至图5.5，按照图号顺序，定位步骤3筋膜测试中活动受限的特定筋膜网。
- 定位图5.1至图5.5中标记的肌肉和肌腱部位并进行自我肌筋膜放松。

– 按压肌腱与骨头相连的部位，接着向该肌肉的方向缓慢地、轻轻地移动到远离该骨骼 2.5 ~ 5 厘米的部位。在肌肉的另一端或图中标记的部位做相同的动作。

– 想象自己体内的组织在压力下软化，开始三次慢速的深呼吸。避免压力过大或施压持续时间过长带来的疼痛。

- 按照步骤3中的方法，重新进行灵活性评估。
- 将自我肌筋膜放松后灵活性得到提升的所有筋膜网记录下来。

自我肌筋膜放松的注意事项

评估时，要注意一些事项。如果你患有恶性肿瘤、骨质疏松、骨髓炎、急性类风湿关节炎、发炎、全身或局部感染、糖尿病或血液循环疾病（例如血肿、皮下血肿、血压异常），有裸露的伤口、体内存留缝合线，存在骨折或皮肤十分敏感的问题，不要在球、滚筒或其他工具上翻滚。同时，要意识到进行自我肌筋膜放松可能是一项爆发力和强度非常大的运动。如果你感到头晕目眩或恶心呕吐，请立即停止。

不应该用球对以下部位施压：尾骨；第 11 根和第 12 根肋骨（浮肋，起于腰背部中间，延伸至身体两侧约骨盆的位置）；腹部正面的任何部位（起于胸骨底端，向下延伸至骨盆底端，在骨盆的附近位置向身体两侧外部延伸，位于肋骨下方）；颈部；其他过于敏感不能承受压力的部位。

如果你刚开始进行自我肌筋膜放松，请谨慎。如果你施加的压力过大，可能会拉伤身体组织，甚至带来伤害或形成更严重的瘢痕组织。如果你进行自我肌筋膜放松一段时间之后，体内的活动限制依然存在，或依然引起同样的疼痛，那么你只是缓解了症状，而没有找到形成症状的原因。按照本章以及下一章的自我评估和自我疗法的指导，你会找到解决这些问题的方法。

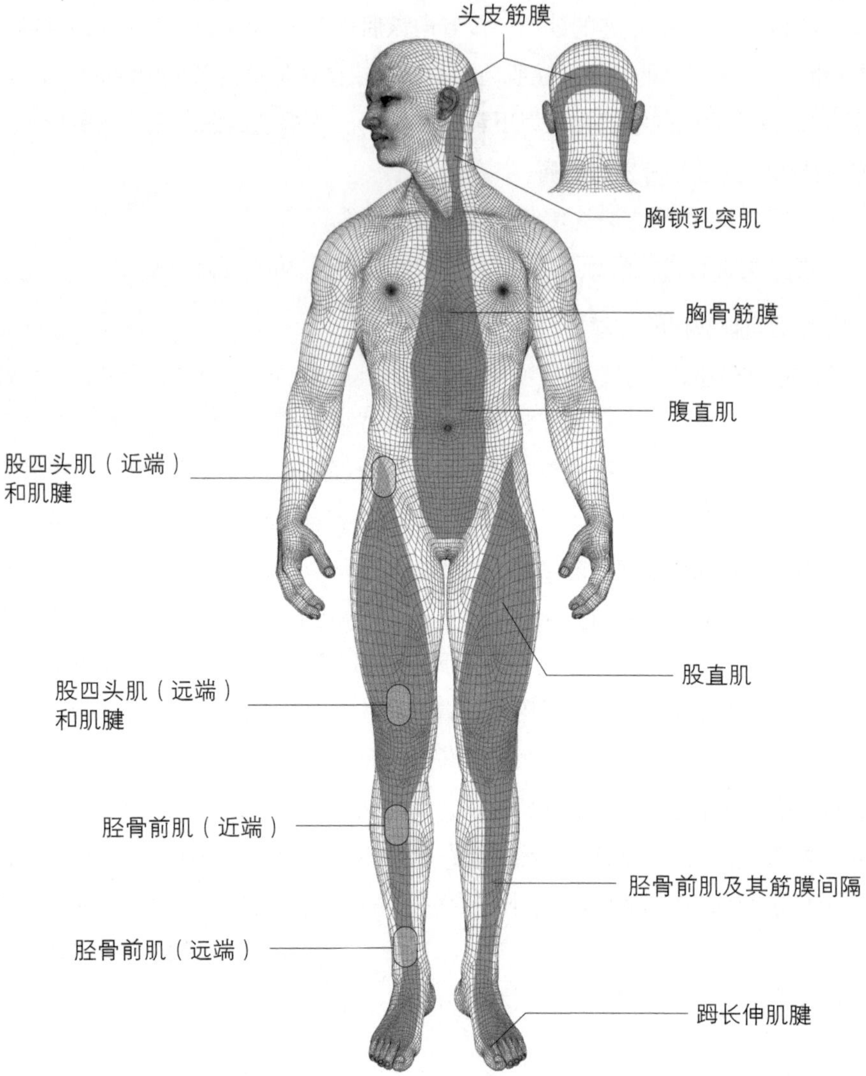

图 5.1 浅层肌肉肌腱部位

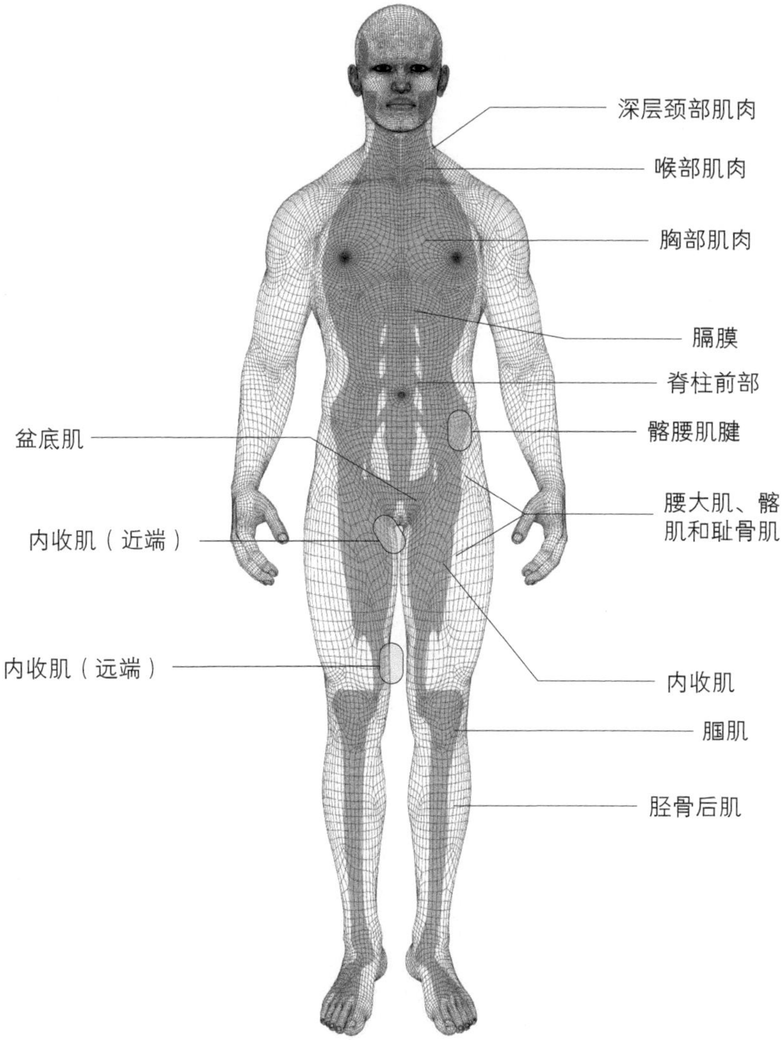

图 5.2 深层正面肌肉肌腱部位

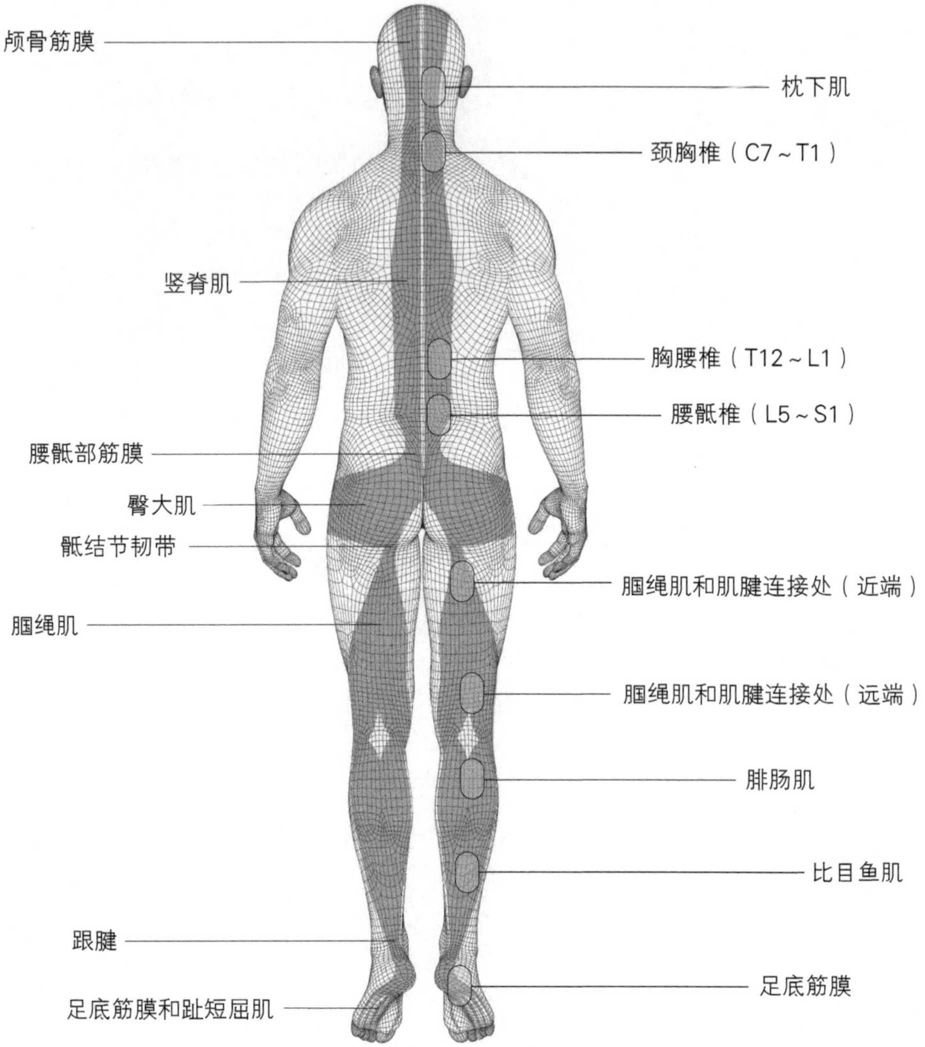

图 5.3 背面肌肉肌腱部位

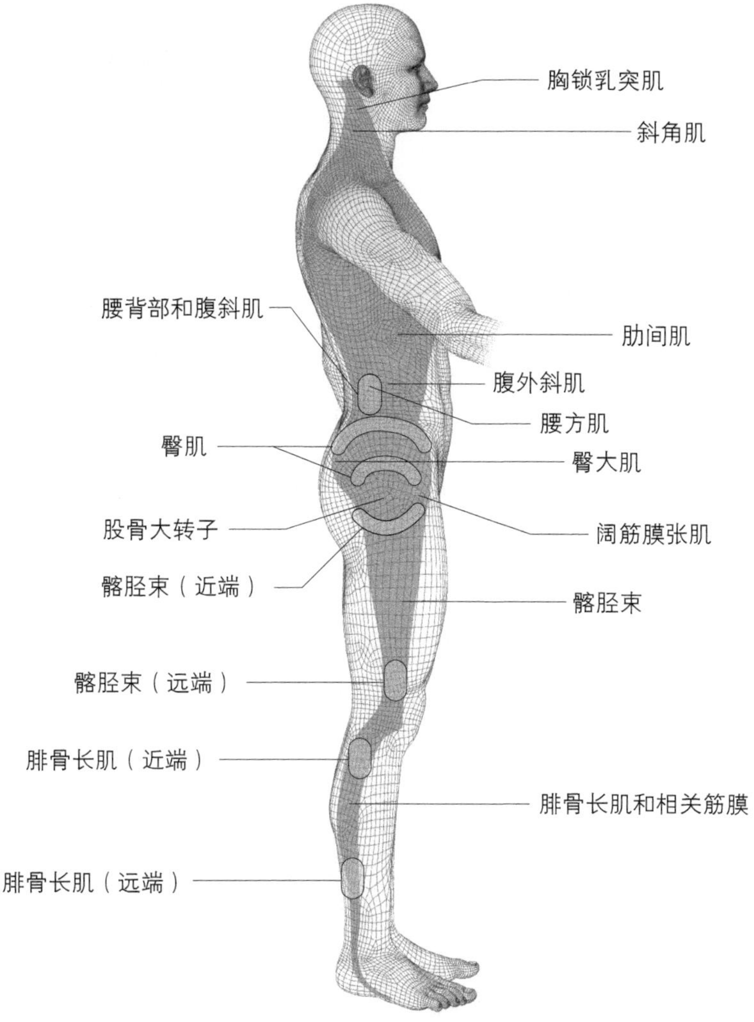

图 5.4　侧面肌肉肌腱部位

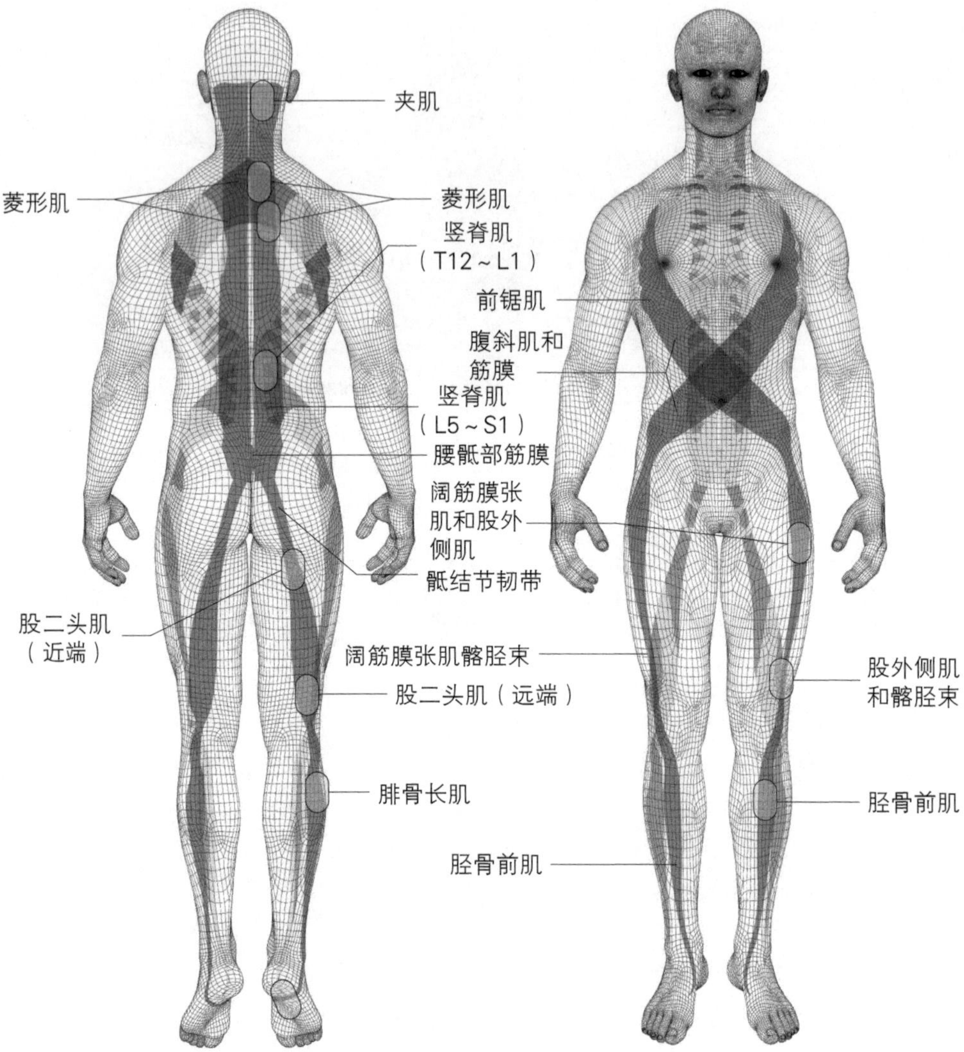

图 5.5 深层肌肉肌腱部位

步骤 5：回顾评估结果。

如果按照以下顺序回顾评估结果，将更容易发现评估数据的相关性。

1. 回顾个人身体组织结构图。

2. 回顾你觉得活动受限的筋膜网。它们是否与步骤 3 中的基本运动模式或步骤 4 中的 FMBs 相关？这些活动受限的筋膜网可能是导致错误和限制性运动模式的主要区域。

3. 回顾个人基本运动模式。

4. 如果进行了自我肌筋膜放松，检查测试的运动和你的身体组织之间是否有关联。

5. 回顾个人身体姿势。

6. 检查姿势、运动和身体组织之间是否有关联。举个例子，你认为整天坐着与头部前倾、骨盆前倾、正面筋膜网受限以及髋部屈肌紧绷之间有关联么？

7. 列出那些在运动和不运动的情况下对你的运动表现和健康有负面影响的问题。

8. 检查之前提到的事项与你认为的最佳灵活性受限的部位和因素之间是否有关联。

回顾上述结果，通常会发现身体姿势、运动、身体组织状态、欠佳的运动表现之间的相关性。例如，长时间伏案工作的马拉松运动员或铁人三项运动员可能会发现，坐着工作与屈伸欠佳的主导姿势、正面筋膜网紧绷和受限、背面筋膜网无力以及侧面和爆发力筋膜网左侧和右侧不平衡之间存在关联。有了这些信息，运动员就能制订出切实可行的计划。

步骤 6：制订计划。

步骤 5 中收集和回顾的信息可以用于制订训练计划，以恢复和保持最佳的身体灵活性，提升健身和运动表现。表 5.1 中有以下三种类型的拉伸计划。

预备拉伸训练计划

- 训练或竞赛之前执行此计划。
- 在进行其他动态运动准备之前执行此计划。

恢复和保持拉伸训练计划

- 训练后执行此计划。
- 完成竞赛后执行此计划。

恢复和矫正拉伸训练计划

- 在执行恢复和保持拉伸训练计划后还是无法恢复身体的灵活性时，执行此计划。
- 康复或从受伤或手术中恢复后（出院后），执行此计划。
- 为了纠正灵活性、力量等方面的不平衡，执行此计划。

表5.1 自我拉伸训练计划参数

拉伸训练计划	技巧	节奏	强度	时长	重复次数	组数	频率	备注
预备	快速的波浪式拉伸	正常	轻度至中度	短呼气（1～2次）	3	1	训练前	·根据需要调整所有参数 ·重复次数和组数是针对身体的每一侧或身体整体而言的 ·根据身体当天的情况调整训练计划 ·动态拉伸项目参见第7章，辅助拉伸项目参见第8章
恢复和保持	缓慢的波浪式拉伸	缓慢	中度	长呼气（3次）	3或者直到灵活性不再增加	1	训练后	·根据需要调整所有参数 ·重复次数和组数是针对身体的每一侧或身体整体而言的 ·根据身体当天的情况调整训练计划 ·基础灵活性拉伸项目参见第6章，辅助拉伸项目参见第8章
恢复和矫正	非常缓慢的波浪式拉伸	非常缓慢	中度	长呼气（3次）	3或者直到灵活性不再增加	1	每天，直到达成功能性灵活性目标	·重复次数和组数是针对身体的每一侧或身体整体而言的 ·根据身体当天的情况调整训练计划 ·如果拉伸导致身体疼痛，尝试拉伸同一或相邻筋膜网中的其他部位，然后重新评估 ·如果拉伸增大了身体的压痛感，降低所有参数进行拉伸，然后重新评估

完整筋膜灵活性评估案例：玛利亚（Maria）

玛利亚是一名 48 岁的首席信息官，她每周有六天进行铁人三项训练。以下是她首次完整评估的简要结果。

步骤 1：个人记录。

- 症状：玛利亚颈部疼痛，跑10米后会出现右膝疼痛、右髋部疼痛和腰背部僵硬的问题。
- 信号：玛利亚注意到当她在计算机前工作时头部会前倾，同时很喜欢跷二郎腿，将右腿搭到左腿上。
- 其他重要信息：由于训练安排和工作需求，她每天睡眠4～5个小时；10年前，她被诊断出患有闭经（即没有月经）。

步骤 2：姿势评估结果。

- 头部前倾
- 右肩位置抬高
- 右臂内旋
- 右膝轻微内翻

步骤 3：运动评估结果。

- 训练中最差的功能性运动：深蹲训练中，玛利亚的右膝内扣。
- 最差的体育运动：玛利亚的游泳教练在报告中写道，经过20分钟的手臂划水和踢腿后，玛利亚的右侧身体会过度劳累；她的跑步教练在报告中写道，尽管她穿着防止过度足内翻的鞋，右膝依然有内扣的倾向，并且随着跑步距离的增加，这种情况会恶化。
- 筋膜网测试结果（第6章）：身体右侧、右侧髋部前侧和双臂筋膜网受限。

步骤 4：身体组织评估结果。

- 在颈部观察到多个扳机点、组织增厚和粘连，且右侧肩部多于左侧。扳机点、组织增厚和粘连也出现在右腿的髋部、两条小腿和双脚上。
- 筋膜网测试结果显示：比起拉伸后，进行自我肌筋膜放松后，身体组织改善效果更好。

步骤 5：回顾结果。

- 症状：颈部、右膝和髋部慢性疼痛，腰背部僵硬。
- 姿势：工作和站立时功能性姿势欠佳。
- 运动：深蹲和跑步时右膝不稳定；缺乏保持游泳姿势的动力稳定性和耐力；拉伸侧面和正面筋膜网后，筋膜网的灵活性有所提升。
- 身体组织：全身分布多个扳机点和存在其他限制。进行自我肌筋膜放松后，筋膜灵活性显著提升。

步骤 6：制订训练计划。

作为一名铁人三项运动员，玛利亚在坐着进行了一整天的工作后，还需要进行高强度、高频率的耐力训练，如果坐着工作时能改善身体姿势，就可以极大地缓解不适。虽然她以前从来没有注意到这一点，但是在读完本章的内容后，玛利亚意识到如果在训练中某些地方做错了可能会引起疼痛和运动表现下降。例如，她在深蹲时，右膝向内扣。她的跑步教练也观察到，长跑时她的右膝会轻微内扣。现在她可以觉察到这种情况的发生，而之前她认为这是“每个人在训练时都会感到的疼痛”。玛利亚的训练计划包括以下内容。

- 玛利亚在她的计算机和手机上设置了每小时检查身体姿势的提醒事项（例如，坐直、双腿不要交叉、不要耸肩、颈部伸展）。
- 玛利亚换了新的办公桌和椅子，以更好地调整椅子高度和看屏幕的角度。
- 玛利亚开始进行拉伸致胜体系训练。在自我肌筋膜放松后，接着拉伸身体右侧、右侧髋部前侧和双臂筋膜网，然后执行恢复和矫正拉伸训练计划，遵循表5.1恢复和保持拉伸训练计划中列出的所有参数。一周之后，玛利亚这些身体部位的疼痛全部消除。最差功能性运动在一周之内恢复正常。因此她开始练习第6章中的伟大八组拉伸项目。

在这一章中，你学到了重要的评估技巧，以确保你继续参与运动或健身。我们介绍了进行快速筋膜灵活性评估的方法，这种方法帮助很多运动员快速解决了训练和运动中的问题。我们介绍了更加详细的完整筋膜灵活性评估，来帮助你测试身体是否存在姿势和运动不平衡问题。这两种评估都提到了第 6 章中的拉伸计划，在第 6 章可以学到如何拉伸每个筋膜网；在第 7 章中，你可以学到拉伸特定筋膜网的动作；在第 8 章中，你将学到如何在治疗桌上帮助别人进行拉伸。一旦选择了拉伸计划，就可以根据自身的目标从表 5.1 中选择要遵循的参数。拉伸致胜理论的原理、科学原则和评估方法都已经论述过了，本书接下来的内容会涉及拉伸训练计划。

记录好自己的评估数据，将其作为制订拉伸训练计划的参考信息，详情请参见表 5.2。保存好下面的表格和相关数据，这些数据可以反映你本人和你与之合作或未来可能合作的专业人员的进步情况。

表5.2　完整筋膜灵活性评估

姓名＿＿＿＿＿＿＿＿＿＿　　　　　　　　日期＿＿＿＿＿＿＿＿＿＿

1. 个人记录

在此处和身体图解中写下你的答案。

a. 你的身体存在哪些问题（例如疼痛、柔韧性差）？这些问题是否只有在运动或休息的时候才出现？

b. 列出以前经历过的所有受伤、手术或生理问题。如果不止一个问题，按照时间顺序，从最近发生的开始列举。

c. 列出当前的身体问题、不适、受伤或专业医生的诊断意见。

源自：A Frederick and C.Frederick,2017. Stretch to win,2nd ed. Champaign,IL: Human Kinetics。

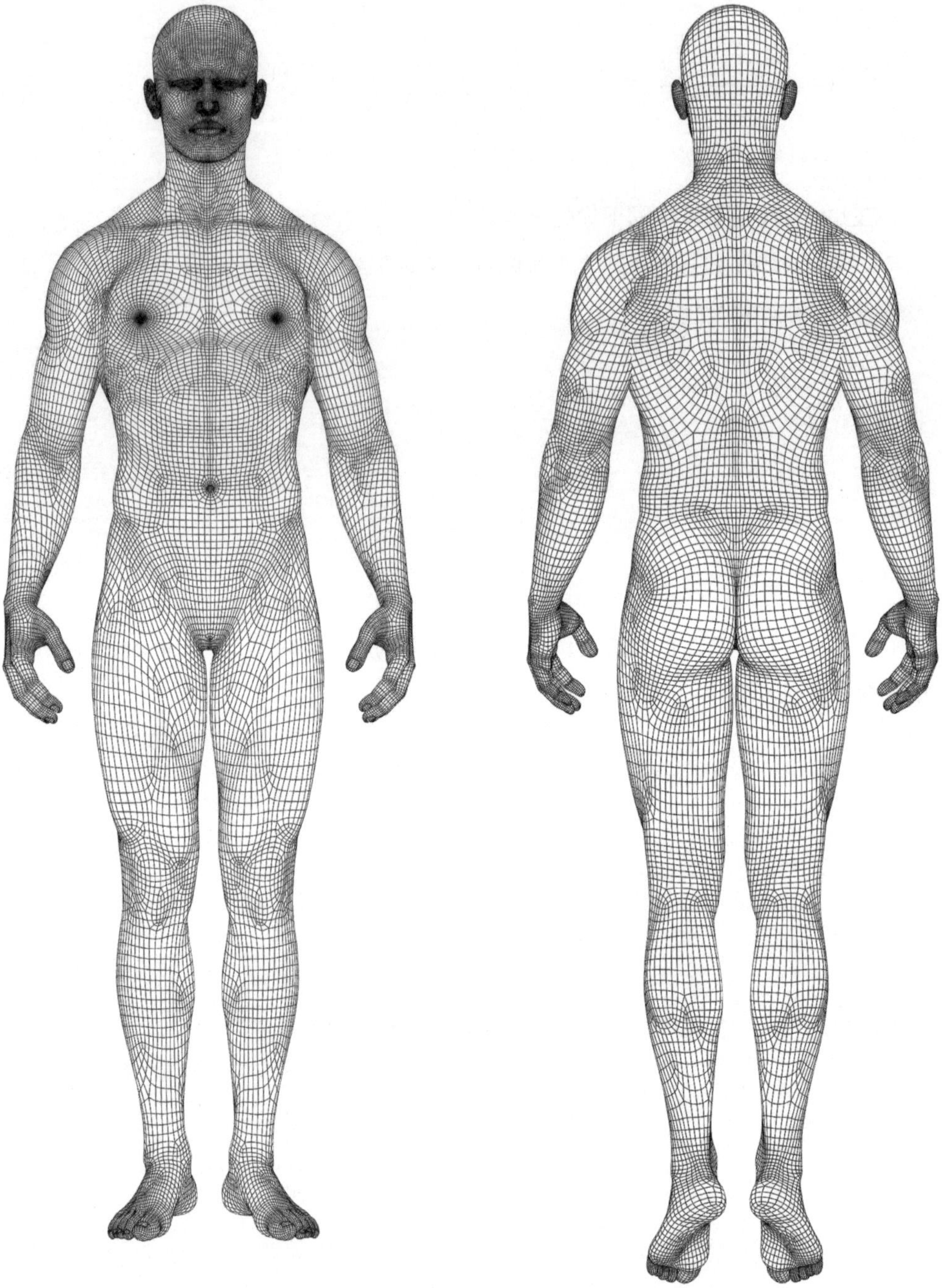

源自：A Frederick and C.Frederick,2017. Stretch to win,2nd ed. Champaign,IL: Human Kinetics。

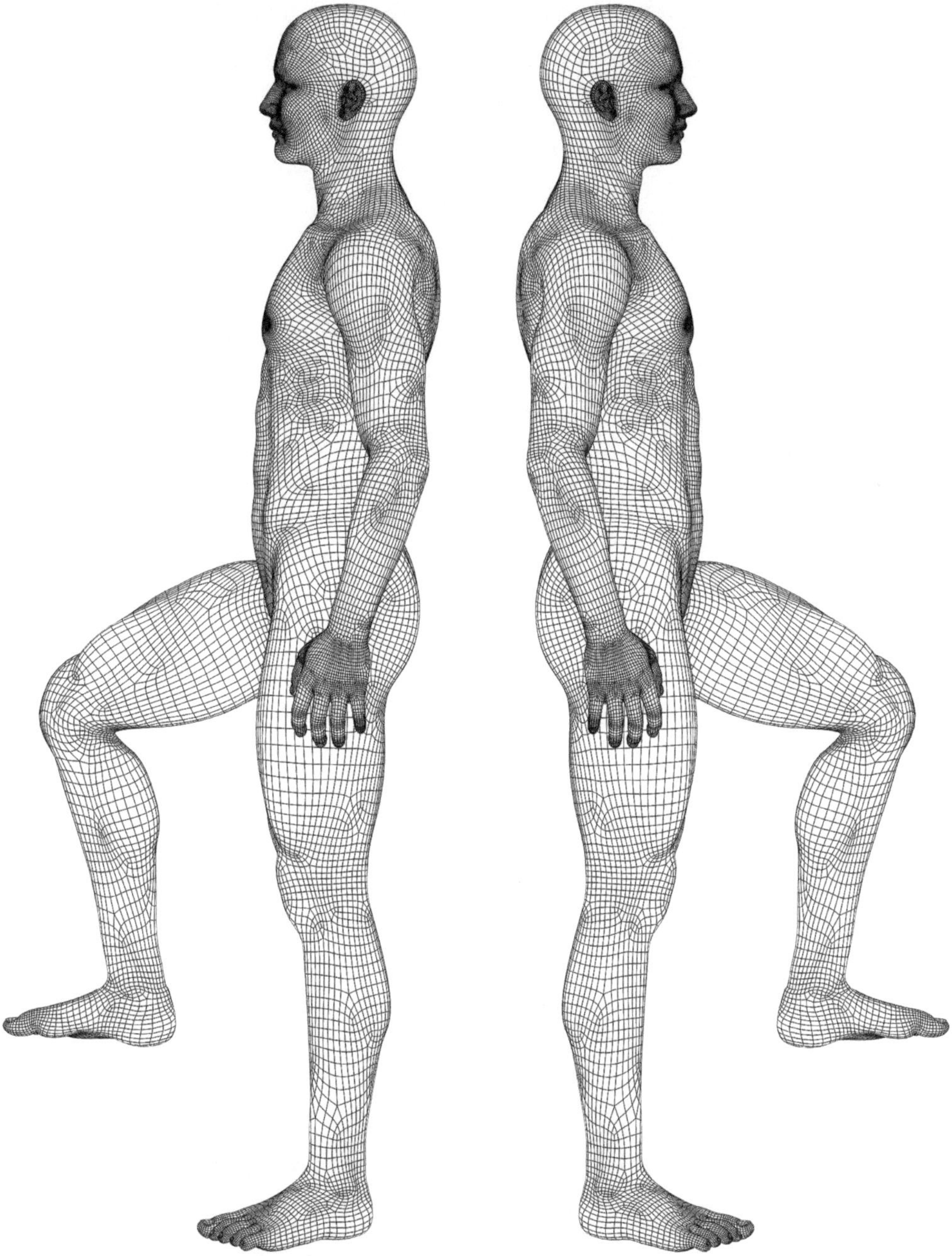

源自：A Frederick and C.Frederick,2017. Stretch to win,2nd ed. Champaign,IL: Human Kinetics。

2. 姿势评估

在身体图解中标记出你能看到或者别人告诉你的所有不对称的身体部位（例如高低肩等）。

3. 运动评估

a. 功能性运动评估

圈出有问题的身体部位。在身体图解中用箭头标出运动时没有感到轻松、自在、有力和不疼痛的部位。请留意运动是否会引起疼痛、酸痛、僵硬或受到限制，可以用任何你想用的词语描述你的感受。

一般热身运动

专项热身运动

特定体育动作

专项训练动作

b. 筋膜灵活性评估

查看身体图解中的所有标记，找出在第 2 章中提到过的筋膜网；再找出第 6 章中的专项拉伸动作。遵循表 5.1 中的恢复和矫正拉伸训练计划，将其运用到自身特定的筋膜网拉伸中。接着，重新测试。如果身体只有一点改善或是根本没有改善，执行步骤 4。如果身体明显改善，跳过步骤 4，执行步骤 5。

源自：A Frederick and C.Frederick,2017. Stretch to win,2nd ed. Champaign,IL: Human Kinetics。

4. 身体组织评估

在有问题的筋膜网处进行自我肌筋膜放松（参考第 5 章中的肌腱位置图）。接着，对步骤 3 中有问题的动作进行重新测试。如果得到改善，在此处记录所有得到改善的具体筋膜网，然后执行步骤 5。如果没有改善或者更糟糕，在此处记录下来，执行下一个步骤。

5. 回顾结果

回顾所有发现，留意你的问题之间是否有关联（例如，所有问题都位于深层正面筋膜网左侧）。

6. 制订训练计划

根据你的发现，从下面选择一个训练计划来解决运动问题、限制问题或整体灵活性问题（圈出一个）。

训练前的预备拉伸训练计划

训练后的恢复和保持拉伸训练计划

恢复和矫正拉伸训练计划

源自：A Frederick and C.Frederick,2017. Stretch to win,2nd ed. Champaign,IL: Human Kinetics。

第 6 章

基础灵活性拉伸

在前文提到，灵活性指不受任何限制的运动能力。为了达到高水平的运动的要求，你需要具备最佳的灵活性、稳定性、力量、爆发力、速度。我们一直在强调，没有最佳灵活性，不可能产生足够的力量、爆发力和速度。

如前所述，身体是一张筋膜张力网络，连接了体内的所有组织。身体处于张力状态下是正常的，但是，如果筋膜网处于平衡状态，通常不会感觉到全身的张力。如果筋膜网的灵活性较高，身体的张力就会处于平衡。身体的灵活性不足时，人体就会变得紧绷，甚至可能会感到酸痛，这表明你需要拉伸和运动。当身体过度活跃或正参与高强度的训练或竞赛时，也会感到紧绷和酸痛，这表明你需要拉伸和休息。为什么会这样呢？因为体内筋膜网的张力增加，导致身体组织受压。施加在身体组织上的压力降低了体液交换能力，从而降低了氧气、营养物质和废液排出能力。长期慢性压力导致身体组织缩短、增厚，弹性下降。这种情况导致邻近的身体组织由于额外的运动负荷而拉紧，对当前活动受限的身体组织予以代偿。

压力会让人感到身体酸痛或紧绷。在糟糕的情况下，这种压力可能导致疼痛、无力和运动表现水平下降。每个人进行任何运动时，都有可能发生这种现象，最先受到影响的是核心部位。一旦核心部位受到影响，身体其他部位也会受影响。因此，我们给运动员提供特定的拉伸训练，以便矫正、恢复、增强和保持身体核心部位和其他部位的灵活性。本章中详细论述的伟大的八组拉伸训练，是一项专业的灵活性训练计划，几乎适用于每一个人。

运用基本原则，达到最佳灵活性

在我们学习拉伸技巧之前，让我们来回顾第 1 章中论述的拉伸致胜体系的基本原则，这些原则可以运用于灵活性拉伸训练。

单一的肌肉只连接身体结构性网络的一部分，在拉伸时需要考虑这些单一的肌肉。不要局限于肌肉，想象沿着连接肌肉的三维筋膜网（参见第 1 章第 8 页原则 5）拉伸肌肉。我们在此重申这条原则，是为了提醒大家大多数拉伸计划失败的原因是没有解决限制运动范围的因素。身体是作为一个整体的系统运作的，结缔组织相互交织，连接身体的所有部位。为了提升灵活性，你必须要明白这一点。

除了腹直肌（六块肌肉），很少有身体组织（例如骨骼、肌肉和韧带）是线性的。大多数身体组织会扭转和旋转来适应三维运动。但是，对于运动员来说，只朝着一个方向拉伸或者在一个运动平面上拉伸的现象很常见。为了达到肌肉和筋膜的最佳灵活性，需要尝试多个角度、多个运动平面的拉伸，包括拉伸时的旋转或对角线运动（参见第 1 章第 8 页原则 6）。敢于挑战这些新的角度和方向有助于提升运动表现。对于本章中的拉伸训练，建议运用非常缓慢或缓慢的波浪式拉伸技巧，并且遵循表 5.1 列出的恢复和矫正拉伸训练计划的参数。一旦感觉某个身体部位的紧绷感消失，就改变参数，执行表 5.1 中的恢复和保持拉伸训练计划。

根据我们的经验，恢复、重塑、矫正和提高大多数运动和健身活动的一般灵活性，快而有效的方法是向外伸展身体核心部位。我们要重视腰背部、髋部、胸部、背部中间部位、肩部，以及双臂和双腿。只要这些核心部位能向外伸展，身体许多其他部位的紧绷就会大幅缓解。

提升灵活性的通用指导原则

拉伸筋膜网时，为了达到最佳效果，需要遵循以下重要的指导原则。

- 遵循无疼痛的原则。拉伸的目的是有意识地让肌肉感受到被牵拉，而不是强力拉伸而引起疼痛。如果引起疼痛，大脑和神经系统就会有负面的反应。应始终保持对身体来说最舒适的姿势。
- 通过扩大关节活动度来主动增加牵引力，这会增强拉伸的效果（参见第1章的原则7和原则8）。每次进行增加牵引力的拉伸之前，释放身体组织的张力，允许身体组织稍微松弛。
- 拉伸时呼气，释放身体组织的张力。如果拉伸过程中无法呼吸，可能是对身体施加的压力太大，应当稍微放松。
- 根据身体组织的需求重复拉伸，目的是放松该部位以及在进行下一个拉伸训练之前释放身体组织的压力，达到所需要的运动范围。重复拉伸的次数会因拉伸时间的不同而不同。
- 用双眼引导运动并促进柔韧性的提升。看着想要拉伸的部位有助于扩大运动范围。
- 缓慢地、轻轻地开始或结束每一个动作，这有助于增强拉伸效果。
- 用物体辅助拉伸，尤其是当你感觉到特定身体部位的柔韧性有问题时。

提升灵活性的伟大八组拉伸

伟大八组拉伸是拉伸致胜体系中提升整体灵活性和拉伸运动的基础。无论你参与什么体育运动或健身活动，这一点是毋庸置疑的。伟大八组拉伸（参见图 6.1）分为下半身核心四组和上半身核心四组。

在训练灵活性之前，先训练身体核心部位，这一点已经成为体育、健身和康复领域的共识。我们将其又往前推进一步。训练稳定性之前，身体核心部位的灵活性达到平衡，训练会更有效。例如，如果右侧的髋部屈肌更紧绷，导致骨盆右侧旋转（或扭转），那么你将会在身体不平衡的情况下训练核心部位。虽然你可以借助协调性和灵活性稳定骨盆并进行核心部位的训练（你的理疗师和教练可能都不会发现问题），但是实际上你会用额外的力量和其他代偿机制来弥补身体的不平衡。最

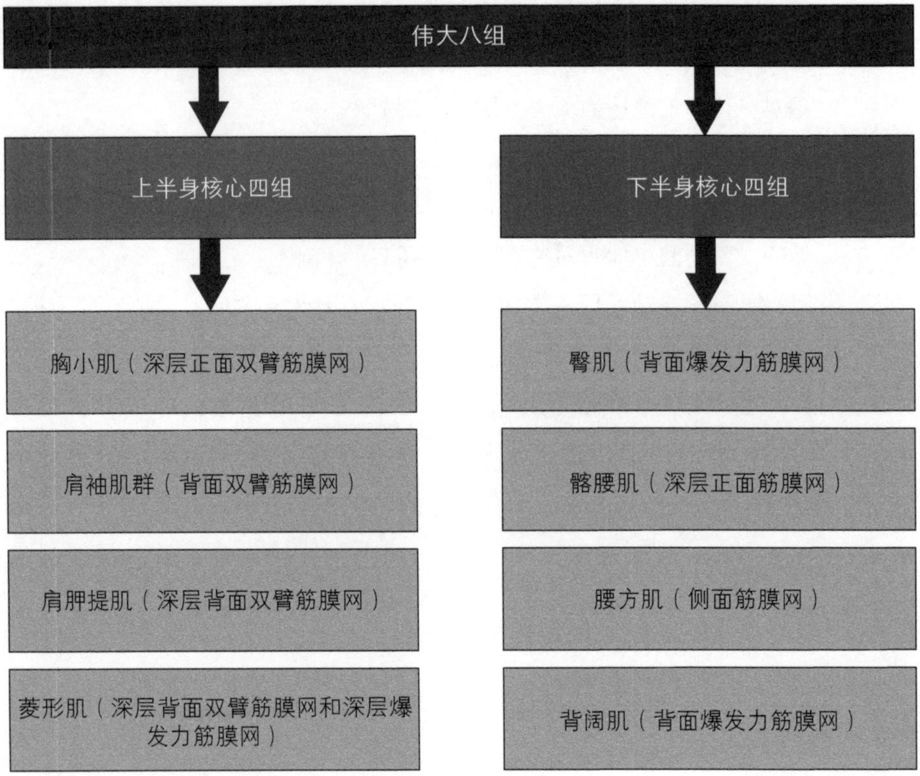

图 6.1 伟大八组拉伸部位

终，这样会对你造成伤害，出现慢性问题，如果一直不予以解决，可能会导致受伤。这个常见示例充分说明了伟大八组拉伸是拉伸致胜体系中所有运动和矫正训练的基础。

如何拉伸筋膜网

我们推荐遵循以下规则运动和拉伸伟大八组涉及的各个部位。

1. 聚焦于附着点的关键肌肉及筋膜的拉伸。附着点即连接骨骼的近端（距离躯干最近）或远端（远离躯干）的位置，参见图 5.1 到图 5.5，了解这些附着点。
2. 放松，接着聚焦于其他附着点的拉伸，直到该部位的运动范围扩大到最大限度。
3. 如果一个附着点感觉更受限，从这个附着点开始和结束拉伸，以便每一块肌肉或每个部位的灵活性达到平衡。
4. 运用同样的技巧，慢慢地拉伸相同筋膜网内的肌肉和筋膜。
5. 拉伸完筋膜网中的所有筋膜之后，拉伸整个筋膜网：从筋膜网的一端开始拉伸，接着拉伸另一端，重复这个拉伸动作，直到达到最佳的灵活性。
6. 如果有可能，同时从筋膜网两端拉伸，直到灵活性达到最佳。
7. 如果这样做提升了目标肌肉和筋膜网的灵活性，可以用类似的方法拉伸相邻的筋膜网。
8. 重复上述动作，拉伸所有筋膜网。

下半身核心四组拉伸项目

下半身核心四组拉伸的部位均为在运动中能产生爆发力的部位（参见图 6.2）。这里说的骨骼和关节，位于下半身的腰椎 - 骨盆 - 髋部区域。这里说的肌肉是指所有核心肌肉和筋膜（腰背部或胸腰部筋膜、腹横肌、腹斜肌、深层和浅层背部伸肌、髂腰肌、臀肌和深层髋部旋转肌）。这些肌肉，尤其是髋部周围的肌肉，是许多运动动作的基础，而运动员的运动表现取决于这些动作。因此，下半身核心四组拉伸部位的灵活性是非常重要的，其可以为大多数运动和高水平健身训练提供所要求的能量。因此，评估或提升下半身的灵活性是有意义的，下半身的灵活性是大多数运动和体育动作的基础。我们已经确认了提升灵活性需要拉伸的四块关键的下半身肌肉（参见图 6.2）：

- 背面爆发力筋膜网的臀肌（参见图6.2a）；
- 深层正面筋膜网的髂腰肌（参见图6.2b）；
- 侧面筋膜网的腰方肌（参见图6.2c）；
- 背面爆发力筋膜网的背阔肌（参见图6.2d）。

图 6.2 关键的下半身肌肉

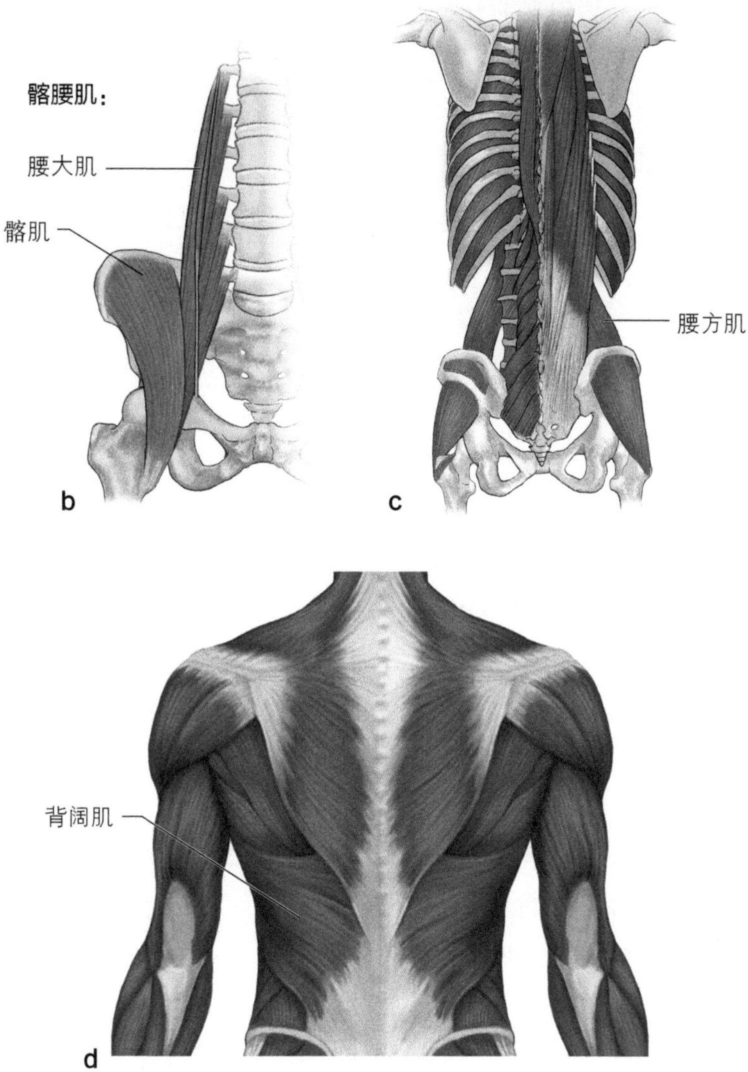

图 6.2（续）关键的下半身肌肉

请注意，我们将背阔肌纳入下半身肌肉，是因为背阔肌连接腰背部、骨盆和肩部，它发挥了桥梁的功能，将腰背部和上半身连接起来。

下半身核心四组训练打开了可能会限制髋部和腰背部的部位，由于筋膜网连接的跨度大、范围广，因此下半身核心四组训练对身体较高的部位（例如脊柱和肩部）和较低的部位（例如双膝、脚踝和脚）都有帮助。拉伸身体另一侧之前，在身体的一侧完成整个核心四组训练。

背面、侧面和背面爆发力筋膜网的臀肌拉伸

动作说明

1. 坐在瑜伽垫上，弯曲双膝，双脚着地，双脚间隔宽于髋部（参见图 6.3a）。
2. 双手在背后支撑。
3. 进行髋部热身运动，从髋部开始运动，将双膝从一侧移动到另一侧（参见图 6.3b），而不是从双膝开始运动。
4. 将一只腿放在前边，另一只腿放在后边，如果有可能，将前脚向后膝方向内收（参见图 6.3c）。身体重心主要落在前腿的臀肌上。调整身体姿势，使身体感到舒适。双臂伸直，将双手放置在身体之前，呈上推姿势。
5. 吸气时，向上拉伸整个脊柱；呼气时，脊柱慢慢下降，头部向前越过膝盖，保持脊柱伸展（参见图 6.3d）。
6. 借助脊柱向上卷起（参见图 6.3e、图 6.3f），恢复至初始姿势（参见图 6.3a）。
7. 重复，以不同的角度将躯干向前移动到膝盖的左右侧，以针对不同的臀部肌肉进行拉伸。

进行下一个动作——腰方肌拉伸。不要在身体的另一侧重复臀肌拉伸。

贴士

- 拉伸过程中呼吸和移动身体，直至感觉到身体组织得到放松。
- 身体下降至靠近地面。

图 6.3 背面、侧面和背面爆发力筋膜网的臀肌拉伸

图 6.3（续）背面、侧面和背面爆发力筋膜网的臀肌拉伸

侧面筋膜网的腰方肌拉伸

动作说明

1. 从臀肌拉伸姿势开始（参见图 6.3c），将双手向右后方移动，直至感觉到背部、髋部和双腿有轻微的拉伸感（参见图 6.4a）。
2. 保持双手不动，身体向前腿同侧手的方向倾斜，吸气（参见图 6.4b）。
3. 身体向后腿同侧手的方向倾斜时呼气，轻微弯曲肘部（参见图 6.4c）。
4. 重复。

贴士

随着每一次重复，将双手向背部多移动少许。

图 6.4 侧面筋膜网的腰方肌拉伸

深层正面筋膜网的髂腰肌拉伸

动作说明

1. 从腰方肌拉伸的最后一个姿势开始，将后手前臂放置于地面上，找到一个能将全身重量放置在该手臂上并保持平衡的稳定姿势。背部开始拱起时，手臂向背后移动，有轻微拉伸感时停下。吸气，身体向双手的方向倾斜（参见图 6.5a）。
2. 背部拱起并向上看天花板时，呼气（参见图 6.5b）。
3. 重复。

贴士

- 进一步向后倾斜，以增强拉伸感。
- 将胸部转向地面，接着转向天花板方向，进行不同角度的拉伸。
- 拱起背部进行拉伸，而不是扭转背部。

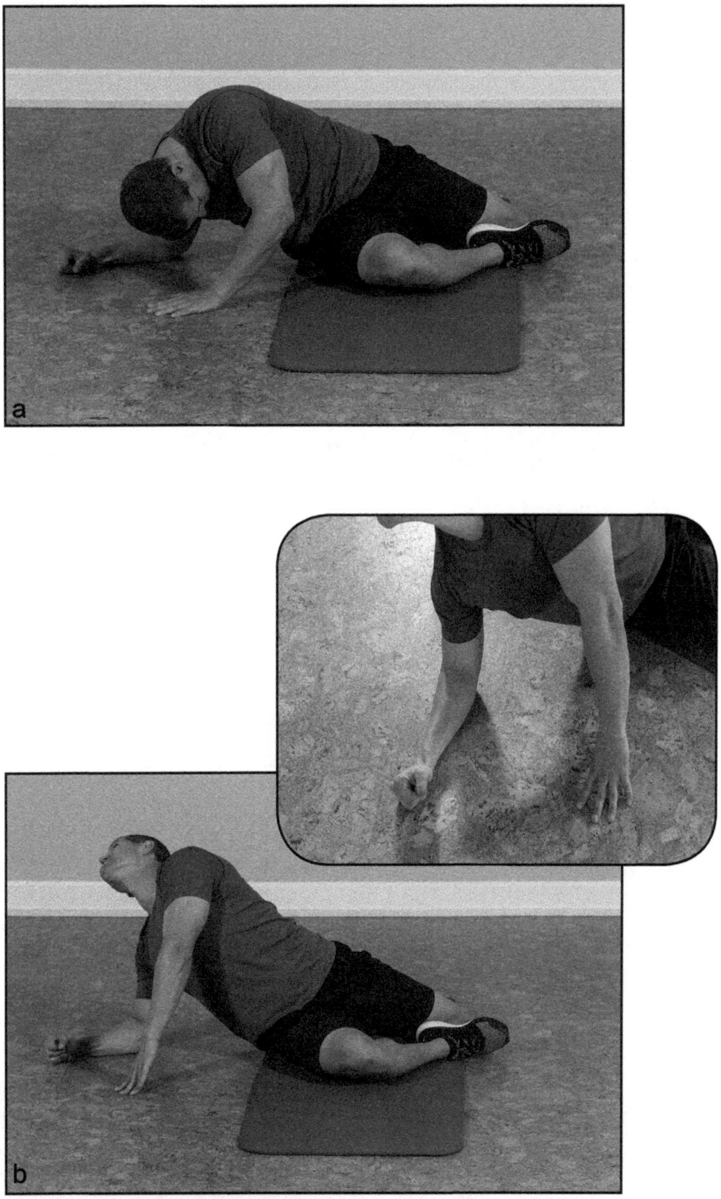

图 6.5 深层正面筋膜网的髂腰肌拉伸

背面爆发力筋膜网的背阔肌拉伸

动作说明

1. 从髂腰肌拉伸的最后一个姿势开始，吸气，将手臂伸过头顶（参见图 6.6a）。
2. 伸出手臂时，手臂向前伸展，看起来像在空中游泳一样（参见图 6.6b）。
3. 向外伸出手臂时，把胸部转向地面，呼气（参见图 6.6c）。
4. 手臂向下绕圈（参见图 6.6d），恢复到越过头顶的姿势。

贴士

- 整个拉伸过程中，保持手臂向外伸展，以达到最佳的拉伸效果。
- 每次重复动作时，尝试使胸部与地面平行。

图 6.6 背面爆发力筋膜网的背阔肌拉伸

图 6.6（续）背面爆发力筋膜网的背阔肌拉伸

上半身核心四组拉伸项目

提升上半身灵活性会促进体液流动。拉伸时，人们往往忽视上半身或者认为上半身不重要。但是，如果拉伸项目中加入了上半身拉伸，也能增强下半身的拉伸效果。上半身核心四组拉伸部位包括上半身核心和双臂外侧产生爆发力的次要部位。首先，我们从肩胛带周围的四块肌肉和部位开始拉伸，以便打开上半身的核心部位。我们发现，如果首先缓解肩部核心部位的深层限制，躯干、肩部和双臂的拉伸效果会更好。我们已经确认了提升灵活性需要进行拉伸的四块关键的上半身肌肉（参见图 6.7）：

- 深层正面双臂筋膜网的胸小肌（参见图6.7a）；
- 深层背面双臂筋膜网的肩袖肌群（参见图6.7b）；
- 深层背面双臂筋膜网的肩胛提肌（参见图6.7c）；
- 深层背面双臂筋膜网和深层爆发力筋膜网的菱形肌（参见图6.7d）。

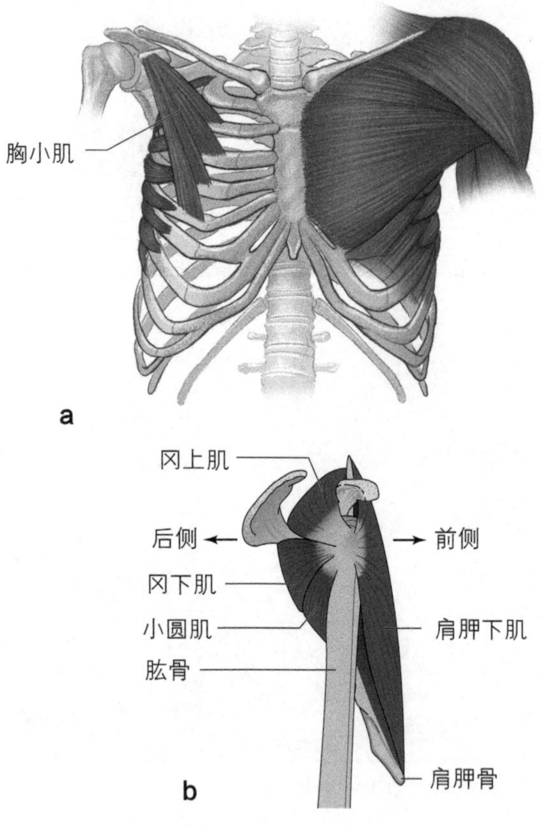

图 6.7 关键的上半身肌肉

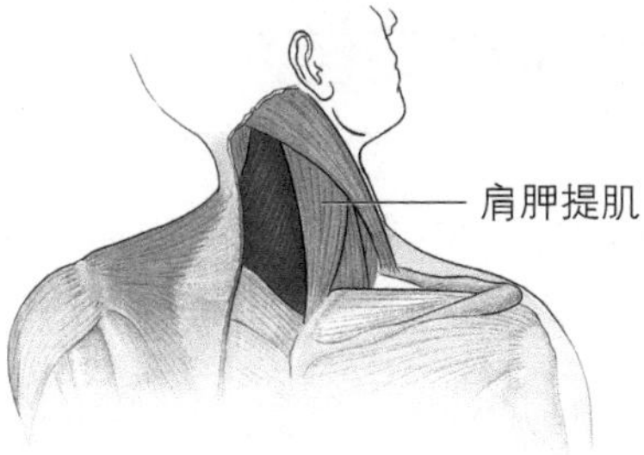

c

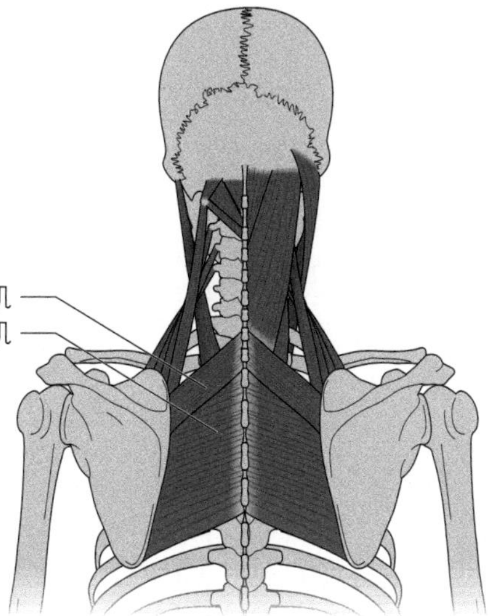

d

图 6.7（续）关键的上半身肌肉

上半身核心四组拉伸旨在拉伸背部中间、胸部和肩胛带周围的部位。我们发现，如果拉伸这些部位，肩部和手臂将会达到最佳功能灵活性。首先在身体的一侧做这四组拉伸运动，接着在另一侧重复；或者是在做下一个拉伸动作之前，在身体两侧均完成当前拉伸动作。

深层正面双臂筋膜网的胸小肌拉伸

动作说明

1. 双脚前后分开站立，双脚间隔稍宽于臀部，前腿侧手臂举高，只要身体能承受，手臂靠近头部与地面垂直（参见图 6.8a）。另一只手臂放在身体一侧。拉伸臂向外伸展，使其远离躯干产生牵引力，打开关节。
2. 拉伸臂向外伸展，与身体一侧成 90 度，手指尽量指向背面（参见图 6.8b）。

图 6.8 深层正面双臂筋膜网的胸小肌拉伸

3. 拉伸臂向后和向下伸向地板，手指朝向背面（参见图 6.8c）。
4. 确保手指始终指向背面，以增强身体组织的目标肌肉灵活性。

贴士

- 手臂向背面伸展时，保持胸部朝向前方。
- 保持髋部与胸部齐平，拉伸臂对侧的腿向后伸展，且位于身体后侧。

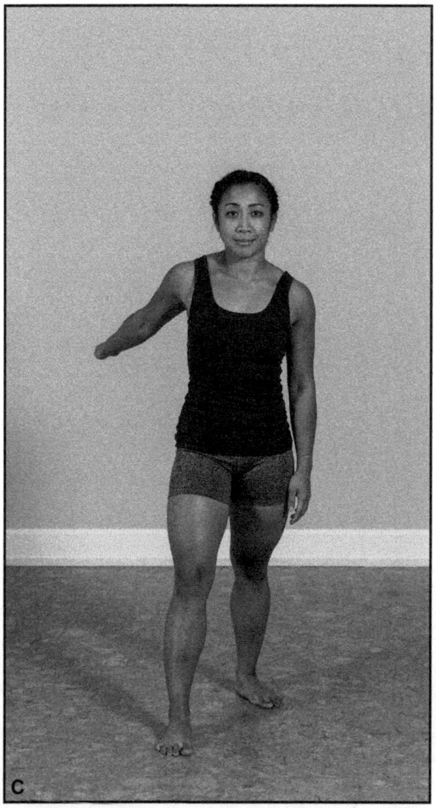

图 6.8（续）深层正面双臂筋膜网的胸小肌拉伸

深层背面双臂筋膜网的肩袖肌群拉伸

动作说明

1. 双脚分开站立，双脚间隔约与髋部同宽，将双臂向外伸展，远离躯干，以产生自我牵引力。
2. 拉伸过程中，将双臂移动到低位（参见图 6.9a 和图 6.9b）、中位（参见图 6.9c 和图 6.9d）和高位（参见图 6.9e 和图 6.9f）。在每一个位置上旋转双臂。
3. 轻轻将双臂移动至关节运动最大限度，直到身体组织放松和打开。
4. 在更高的位置上重复此动作（参见图 6.9g、图 6.9h）。

变式

你可以用一只手臂达到越过头顶的更高位置。

贴士

用力加大双臂旋转幅度，使关节运动范围更广。

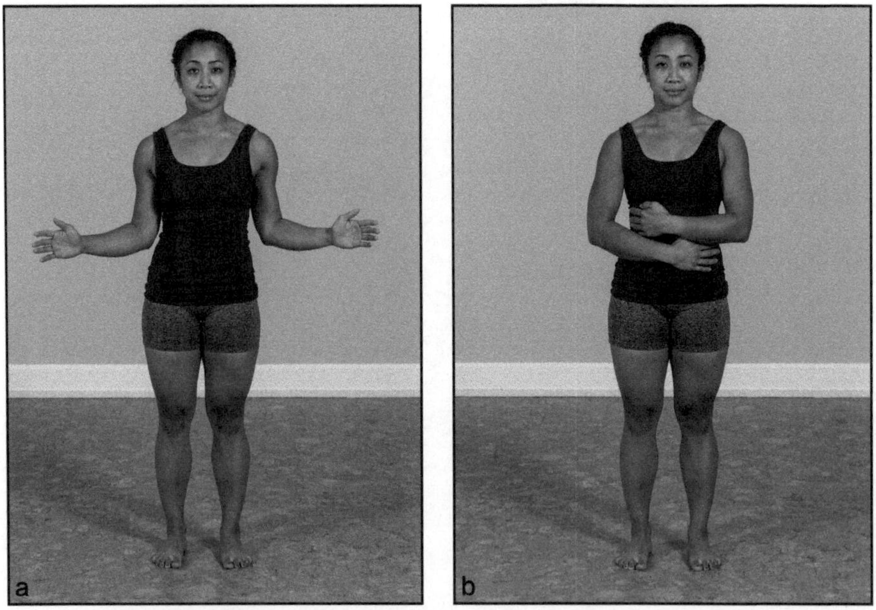

图 6.9 深层背面双臂筋膜网的肩袖肌群拉伸

图 6.9（续）深层背面双臂筋膜网的肩袖肌群拉伸

图 6.9（续）深层背面双臂筋膜网的肩袖肌群拉伸

深层背面双臂筋膜网的肩胛提肌拉伸

动作说明

1. 双脚分开站立，双脚间隔约与髋部同宽。抓住一只手腕，将其向背后拉，同时朝地面拉（参见图 6.10a）。
2. 头部转向位于身体背后抓住手腕的手臂，眼睛向下看地面。下巴朝下移向胸部，直到有拉伸感（参见图 6.10b）。
3. 头部转向的同时眼睛看向天花板，再恢复原状，重复几次，从不同角度拉伸身体组织（参见图 6.10c、图 6.10d）。
4. 放松该手腕。

变式

为了改变拉伸角度，将一只手放在头部后面。伸出另一只手，使其向下越过背部。头部抬起，看向天花板，再向下看地面，重复几次，直至身体组织感觉更松弛并且运动范围更大。

贴士

如果感到灵活性不佳，可以借助工具完成拉伸，例如毛巾或棍子，使用工具时双手分开。随着时间推移，灵活性有所提升时，双手可慢慢靠近。

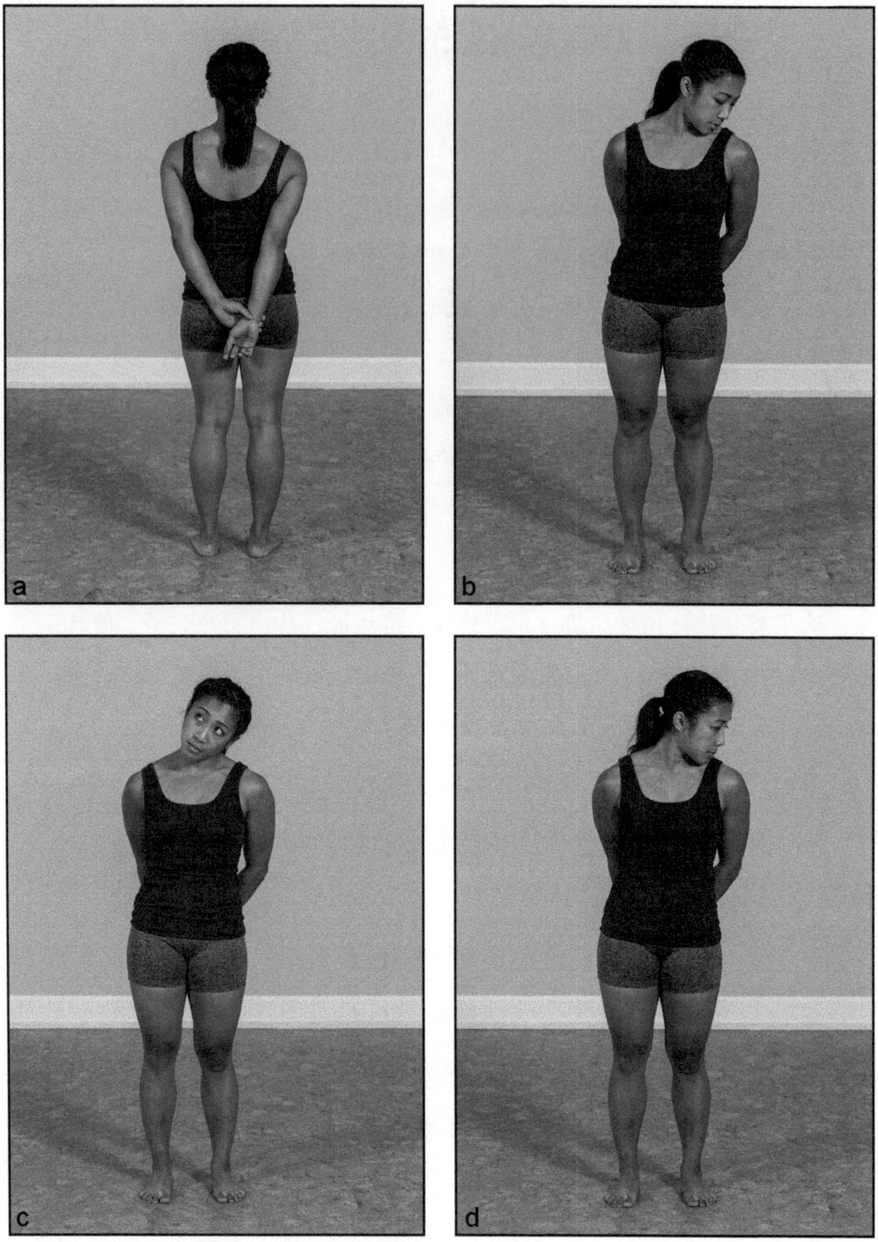

图 6.10 深层背面双臂筋膜网的肩胛提肌拉伸

深层背面双臂筋膜网的菱形肌拉伸

动作说明

1. 呈四肢着地的姿势，双手位于肩部下方，双膝间隔约与髋部同宽。
2. 身体从髋部向前弯曲，一只手臂从另一只手臂的后方越过，放在地面上，掌心朝上（参见图 6.11a）。继续移动这只手臂，到达目标部位。
3. 身体朝地面下降，加大拉伸幅度（参见图 6.11b）。另一只手向下压地面，保持身体稳定，不要跌倒。

贴士

为了加大拉伸幅度，拉伸过程中呼气时，肩部尽量向前倾斜。

图 6.11　深层背面双臂筋膜网的菱形肌拉伸

提升灵活性的筋膜网拉伸

一旦运用伟大八组拉伸（上半身核心四组和下半身核心四组）打开了髋部和肩部周围的特定部位，就可以采用更全面的方法来提升全身的灵活性。筋膜网相互连接，拉伸特定部位时能够让筋膜网在更大范围内运动。为了达到最佳灵活性，应当打开特定的部位。

筋膜五组拉伸中的五个筋膜网

正如第 2 章所述，人体内一共有五个筋膜网，有些筋膜网分布在表面，有些筋膜网分布在深层。它们大多从身体的最高点由上至下延伸至身体的最低点。在运动和日常生活中，筋膜网相互连接，共同发挥作用，因此对筋膜网进行评估和训练是有必要的。

如果你还需要伟大八组拉伸之外的训练，筋膜五组拉伸是一个很好的选择，它可以帮助提升身体其他部位的灵活性。以下就是我们需要拉伸的五个部位以及分别导致每个部位出现问题的情况。

正面筋膜网

- 长时间坐着（例如在学校或工作时）会引起正面筋膜网受限，特别是位于关节折叠和弯曲的部位（例如肩部、脊柱、髋部、双膝和脚踝）。
- 长时间保持或重复一个运动姿势。
  - 大多数团体运动（例如橄榄球、足球、棒球、篮球）的站姿：大幅度向前倾斜或摇晃的站姿、准备跑动或防守的站姿。
  - 长时间弯曲（例如骑行、摔跤、擒拿）。
  - 反复练习盘带动作而引起脚踝灵活性受限（例如足球、篮球），导致双膝压力增加的风险。

背面筋膜网

- 长时间坐着，导致颈部、双膝和脚踝受限。

侧面筋膜网

- 限制性侧面爆发力运动（例如速度滑冰、曲棍球、古典芭蕾、越野滑雪和篮球）。
- 长时间坐着，挤压双侧筋膜网的运动（例如赛车、骑马）。
- 重复性单侧爆发力运动，例如投球、击剑和其他投掷运动（例如美式橄榄球、标枪、链球、铁饼）。

爆发力筋膜网

- 所有带有旋转动作的爆发力运动，特别是重复性单侧爆发力运动（例如高尔夫）；所有包含投掷动作的运动（例如球类运动、标枪、武术、体操）。

双臂筋膜网

- 专注于上半身的重复性爆发力运动（例如游泳、体操、啦啦操、武术、格斗、射击、射箭）。

筋膜五组拉伸

为了达到最佳效果，请遵循前文所述的指导原则，即“运用基本原则，达到最佳灵活性”和“提升灵活性的通用指导原则”中的指导原则。

拉伸侧面筋膜网的站立体侧屈

动作说明

1. 双脚分开站立，双脚间隔约 60 厘米，脚趾稍微向外。躯干向上伸展以产生自我牵引力，将髋部向身体一侧倾斜，拉伸下半身。
2. 减小拉伸髋部的幅度后，将向外伸展的手臂伸过头顶，将另一只手臂放在腿上以支撑身体。将伸展的手臂尽可能远离身体，直到找到拉伸下半身的舒适姿势（参见图 6.12a）。
3. 伸展双手手指，尽可能增加下半身和上半身的拉伸幅度（参见图 6.12b）。
4. 肩部向下移动（参见图 6.12c），接着上半身围绕髋关节的中心移动，随后恢复起始姿势。
5. 在同侧重复此项拉伸动作，进一步扩大运动范围，或者在另一侧重复此项拉伸动作。

变式

如果你感到身体一侧更加紧绷,在这一侧再重复一次此项拉伸动作。

图 6.12 拉伸侧面筋膜网的站立体侧屈

图 6.12（续）拉伸侧面筋膜网的站立体侧屈

瑞士球上拉伸侧面筋膜网

动作说明

1. 在一个瑞士球旁边蹲下来。将内侧髋部和腰部放置于球上，位于下面的腿向外伸直，上面的腿向后伸，膝盖弯曲，脚尖着地。下面的手臂越过球，放在地面上保持平衡。上面的手臂伸过头顶，向前拉伸躯干，产生自我牵引力（参见图 6.13a）。
2. 位于上面的腿前伸，将身体压在瑞士球上，拉伸下半身（参见图 6.13b）。
3. 恢复内侧髋部和腰部放置于球上的姿势，下面的腿向外伸直，上面的腿向后伸，膝盖弯曲，脚掌着地。将原来在下面的手放在地面上，保持身体平衡。背部压在瑞士球上，将原来在上面的手伸过头顶，拉伸上半身（参见图 6.13c）。
4. 恢复内侧髋部和腰部放置于球上的姿势，下面的腿向外伸直，上面的腿向前伸直。尽量使髋部和双臂相互远离，更深入地拉伸整个筋膜网（参见图 6.13d）。
5. 恢复至初始姿势。
6. 在同侧重复此项拉伸，进一步扩大运动范围，或者换至另一侧。

贴士

如果无法保持身体平衡，你可以靠着墙或某个设备拉伸，以保持稳定，或者也可以双脚着地进行拉伸。

图 6.13 瑞士球上拉伸侧面筋膜网

图 6.13（续）瑞士球上拉伸侧面筋膜网

向后伸展拉伸浅层正面筋膜网

动作说明

1. 自然站立，双脚分开与髋部同宽（或者比髋部稍宽）。为了保持平衡，也可双脚向外旋转，脚趾稍微向外。伸直双膝，伸展双腿，释放正面筋膜网的张力，再向上伸展双臂，拉伸躯干，产生自我牵引力（参见图 6.14a）。
2. 下巴稍微向上抬起，眼睛朝上看，同时手腕和手指向后弯曲，拉伸上半身（参见图 6.14b）。向前顶髋，以同时拉伸下半身。
3. 尝试将一只手臂向上伸，以便高过另一只手臂。
4. 尽量拉远髋部和手臂之间的距离，更深入地拉伸整个筋膜网。
5. 为了完成此项拉伸，恢复初始姿势之前，稍微向一侧倾斜（感到最轻松的一侧），接着稍微向前倾斜，然后再恢复起始姿势。

贴士

- 缓慢地拉伸，打开身体组织。
- 注意身体一侧是否更紧绷，若确实如此，更加专注拉伸这一侧。

图 6.14 向后伸展拉伸浅层正面筋膜网

分腿站立向后伸展拉伸深层正面筋膜网

动作说明

1. 将一只脚放在另一只脚后面，感到舒适即可，弯曲双膝，向上伸臂拉伸躯干，产生自我牵引力。
2. 调整身体重心，将更多重心放在脚掌上。接着髋部向前移动，拉伸下半身（参见图 6.15a）。同时，下巴向上抬起，眼睛朝上看，手腕和手指向后弯曲。为了加大拉伸幅度，握拳，再将手指伸开。后膝可伸直。
3. 尝试将一只手臂伸高，尽量高过另一只手臂。
4. 为了加大拉伸幅度，将头部向后移动至颈部并略微伸展，下巴向上抬起，下颌朝向天花板（参见图 6.15b）。
5. 尝试尽量拉远髋部、双臂和下巴之间的距离，以便更深入地拉伸整个筋膜网。
6. 为了完成此项拉伸，稍微向身体一侧倾斜（感到最轻松的一侧），接着在恢复初始姿势之前，略微向前倾斜。
7. 换另一只脚，重复此项拉伸。

贴士

- 此项拉伸通常能反映出身体更紧绷的一侧，因此可在这一侧花费更多的时间或根据需要重复此项拉伸。
- 可根据自身情况逐渐增加此项拉伸的动作幅度。

图 6.15 分腿站立向后伸展拉伸深层正面筋膜网

瑞士球上向后拉伸浅层和深层正面筋膜网

动作说明

1. 坐在瑞士球上，双脚分开着地，间隔与髋部同宽。向上拉伸躯干，产生自我牵引力（参见图 6.16a）。
2. 手臂向前平伸，躯干向后倾斜，臀部向脚的方向前倾（参见图 6.16b）。
3. 双臂向上伸直，躯干紧贴于瑞士球上，拉伸筋膜网（参见图 6.16c）。双手向下伸向地面，手掌撑地，弯曲手腕，拉伸上半身。同时，伸直双腿，加大双腿打开幅度，进一步拉伸下半身（参见图 6.16d）。
4. 尽量拉远髋部和双臂之间的距离，以更深入地拉伸整个筋膜网。
5. 为了完成此项拉伸，恢复初始姿势之前，稍微向身体一侧倾斜（感到最轻松的一侧），双膝弯曲，略微向前屈身。

贴士

- 双手和双脚借助地面辅助拉伸。
- 最大限度地伸直双臂和双腿，加大拉伸幅度。
- 向上抬下巴至最大限度，加大拉伸幅度。

图 6.16 瑞士球上向后拉伸浅层和深层正面筋膜网

图 6.16（续）瑞士球上向后拉伸浅层和深层正面筋膜网

前屈拉伸背面筋膜网

动作说明

1. 双脚分开站立，间隔与髋部同宽。身体重心落于脚掌，向上伸臂拉伸躯干，产生自我牵引力（参见图 6.17a）。
2. 弯曲双膝，髋部下降，身体向前折叠（参见图 6.17b）。下巴向胸部收回，伸直双膝，拉伸下半身。朝地面折叠身体时，应感受上半身缓慢下沉的过程。
3. 双手向外模仿步行，使双手尽量远离双脚，手掌平放在地面上（参见图 6.17c）。下巴向胸部收回。必要时弯曲双膝。
4. 移动髋部和双手，拉远髋部与双手的距离，来回调整身体重心，更深入地拉伸整个筋膜网。加大双膝弯曲的幅度，接着伸直双膝。交替提起一只脚跟，另一只脚跟向下压，向上提髋，尽量拉远髋部与双臂之间的距离，加大拉伸幅度。
5. 恢复初始站立姿势时，双手向后模仿步行靠近双脚，双手放置于双膝上以便支撑身体。身体向上抬起时，保持双膝略微弯曲。
6. 恢复站立姿势时，背部随着髋部小幅度摆动，缓缓直立。

贴士

- 拉伸过程中，在感到紧绷的部位花费更多的时间。
- 尽可能高地提起一只脚跟，另一只脚跟同时向下压。

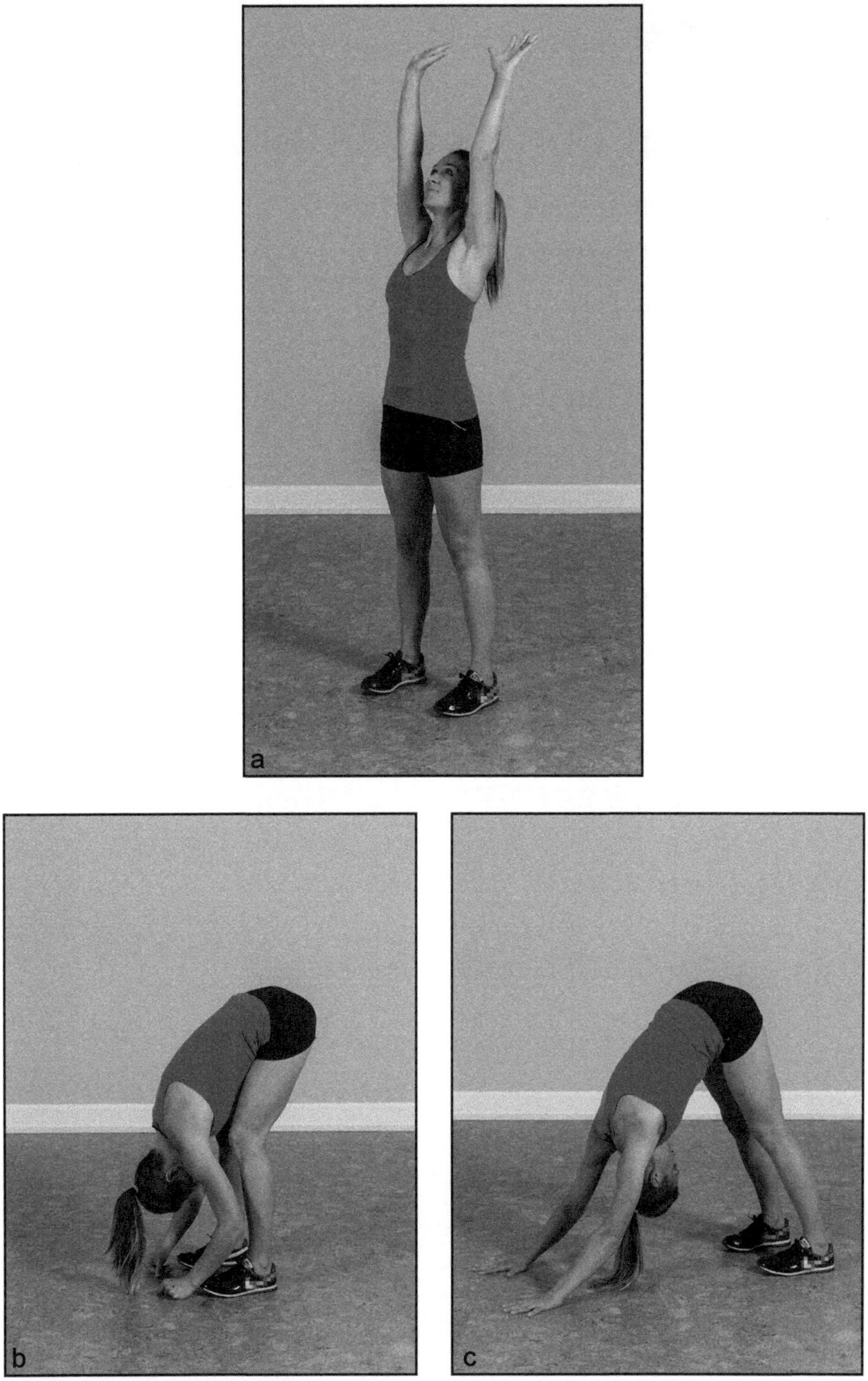

图 6.17 前屈拉伸背面筋膜网

瑞士球前屈拉伸背面筋膜网

动作说明

1. 双脚分开站立在瑞士球后面，双脚间隔与髋部同宽。手掌放置于球上，双手间隔与肩同宽（参见图 6.18a）。
2. 朝着脚的方向，把球向后滚，拱起上背部，拉伸上半身（参见图 6.18b）。
3. 向前滚球，拉远球与脚的距离，拉伸躯干和下半身（参见图 6.18c）。向后调整，身体重心落于脚跟。
4. 将髋部从身体一侧移动至另一侧。为了加大拉伸幅度，下巴向胸部收回，双手向下压球，以加大阻力。
5. 来回调整身体重心，移动髋部和双手，拉远髋部与双手的距离，更深入地拉伸整个筋膜网。增加双膝弯曲幅度，伸直双膝。交替提起一只脚跟，另外一只脚跟下压。髋部向上提，尽量拉远髋部与双臂之间的距离，加大拉伸幅度。
6. 向脚的方向滚球，拱起背部，保持双膝略微弯曲。
7. 恢复站立姿势时，背部随着髋部小幅度摆动，缓缓直立。

贴士

- 注意轻轻地移动，否则很容易使身体失去平衡。
- 缓慢地移动，找出局部紧绷部位，否则很容易忽视这些部位。

图 6.18　瑞士球前屈拉伸背面筋膜网

评估拉伸

运用本章中的拉伸动作，可以轻松快速地解决拉伸过程中发现的身体不平衡问题。首先通过重复拉伸动作，解决身体的不平衡问题。简单的方法是从受限程度最高的身体一侧开始和结束拉伸，身体两侧的拉伸动作次数比例是 2：1。这样做会使更加紧绷的一侧有更大的运动量。感觉到两侧的灵活性相当后，为了保持效果，身体两侧的拉伸动作次数比例可以变为 1：1。如果身体依然不平衡，增加拉伸的时间。例如，如果采用了缓慢的波浪式拉伸节奏，就转换为非常缓慢的波浪式拉伸节奏，这样可以在拉伸过程中用更多时间放松身体受限的部位。如果还无法解决身体不平衡问题，回顾第 5 章的内容，快速评估身体灵活性，找出身体问题的解决方案。

为达到最佳灵活性的拉伸计划

本章的重点是拉伸动作，这些动作可以帮助人们恢复灵活性或从训练及其他体育比赛运动中恢复灵活性。如有需要，本章中的拉伸动作也可用于纠正身体不平衡和提升整体灵活性。

恢复旨在消除训练造成的身体压力，因此要缓慢拉伸。为提升灵活性而进行拉伸时，建议采用恢复和保持拉伸训练计划中的参数（参见第 5 章表 5.1）。为了恢复，需要进行缓慢的波浪式拉伸。在缓慢波浪式拉伸过程中，建议缓慢地呼吸，进行更长时间的拉伸运动，以活动和拉伸筋膜。这一方法已证实行之有效，能够恢复和保持灵活性，排出身体废物，给身体组织带来更多氧气，长期保持高水平的运动表现。

为了纠正左右灵活性不平衡和提升全身的灵活性，我们推荐恢复和矫正拉伸训练计划（参见第 5 章表 5.1）。为了实现这些目标，我们建议增加拉伸的时间，不同于传统拉伸，我们的拉伸体系包含了非常缓慢的连续拉伸动作。

在本章中，我们介绍了长时间不运动（例如在书桌前工作或学习）以及在训练或练习中过度兴奋，都会导致身体非常紧绷，对运动表现产生负面影响。本章为这一问题提供了简单的解决方案，即有助于达到最佳灵活性的伟大八组拉伸。这些涵盖了专业知识的拉伸动作，能够提高人体灵活性，也是下一章动态拉伸的基础。

第 7 章

动态拉伸

如果身体柔韧性没有问题，那么本章的拉伸动作很适合你练习。本章涵盖了适合大多数运动的预备拉伸动作和基础拉伸动作。如果你的身体有任何问题或不适，并且会影响运动表现或引起疼痛（例如难以缓解的僵硬、紧绷或酸痛，以及身体左右两侧不平衡），或者你正处于受伤或手术恢复期，请按照第 5 章的内容提示，进行自我评估。自我评估将识别出你身体存在的问题，从而为你提供详尽的指导，告诉你如何开始柔韧性训练。有些人可能要参考第 6 章，进行初始的矫正或整体柔韧性训练，而有些人会找到更快的解决方案，直接进行本章介绍的训练。不管是哪种情况，确保自己进行本章介绍的动态拉伸之前身体没有任何问题。

通过第 6 章阐述的伟大八组拉伸计划来实现核心肌群的动态稳定性是高效、快速提升运动柔韧性的先决条件。正如我们在第 4 章中讲到的，如果核心柔韧性不足或失衡，那么稳定性、力量、爆发力、速度等都会受到影响。因此，本章中所有的动态拉伸运动模式要求从核心肌群开始训练，然后是核心肌群以外的身体部位。

什么是动态拉伸

在第 3 章中，我们首次用快速波浪式拉伸这一术语描述运动和健身领域中的动态拉伸。动态拉伸运用更快的节奏和更短的时长，帮助人们获得健身和运动领域各种充满活力和爆发性的动作所需的动态柔韧性。动态拉伸通常是进行训练、竞赛或其他运动（参见第 5 章表 5.1 中的参数）之前热身运动中的一部分。最佳的预备训练计划应当消除身体的紧绷或僵硬感，帮助运动员获得足够的柔韧性，使运动员做好训练或竞赛的准备。在进行专项运动的弹振动作之前，应进行快速波浪式拉伸，例如快速开始和结束的爆发性运动（如冲刺、踢球、投掷、摆动、跳跃等）。这些运动中涉及的身体部位全都位于爆发力筋膜网（详情参见第 2 章）。

动态柔韧性预备运动的通用指导原则

以下是拉伸筋膜网时的重要注意事项。

- 比较拉伸前后的身体感觉和运动情况。久而久之，你会知道哪些拉伸动作的效果最好。
- 进行波浪式拉伸，即让你的动作像波浪一样。
- 开始拉伸时呼气，结束拉伸时吸气。
- 不要数进行了多少组练习，相反，等到身体不再有提升空间之后停止拉伸。
- 如果拉伸运动没有使身体足够放松，那么就在有问题的部位进行自我肌筋膜放松，然后再次尝试拉伸。
- 有些拉伸对平衡性有要求，因此在需要的时候，可以使用一个固定的物体以保持身体稳定。
- 永远不要让腰背塌陷，但也不要过分收紧核心以至于在拉伸过程中无法活动。
- 动态拉伸运动时拉伸力度不需要很大，使用低的强度和快的节奏，并根据需要重复拉伸，使身体感觉放松但依旧有力，能够随时准备进行运动。
- 本章中所有的拉伸运动模式都能在训练、竞赛或运动之前的一小时之内完成。

进行活动前的柔韧性拉伸运动时，建议使用我们的预备训练计划（参见第 5 章表 5.1）中的参数。

运动动态拉伸

以下拉伸动作构成了从地面动作到站立动作的动态过程。在轻度热身后做这些动作，例如轻松的慢跑或跑步 5 ~ 10 分钟——刚好可以出少量的汗。这些拉伸动作涉及爆发力筋膜网，它们是根据特定的目标身体部位命名的。

地面拉伸

以下拉伸运动在地面上进行。拉伸重点是下半身的核心肌群和筋膜，以及上半身。前期的重点是动态核心柔韧性，以及将动作控制能力和核心稳定性进行整合。这些常规拉伸适用于大多数对核心控制能力要求高的运动。

髋部–脊柱–肩部拉伸

这个拉伸动作能使髋关节囊液升温，并针对性提升髋关节的旋转能力。在进行其他地面髋部运动之前进行此项拉伸。

动作说明

1. 坐于瑜伽垫上，双膝弯曲，双膝间距比髋部宽。双手放置于身后，掌心朝下，手指指向远离身体的方向（参见图 7.1a）。
2. 呼气，躯干向后倾斜，慢慢地将双膝向一侧倾斜（参见图 7.1b）。
3. 吸气，回到初始位置。
4. 呼气，重复动作，慢慢地将双膝向另一侧倾斜。
5. 继续将双膝向身体左右两侧交替倾斜。

拉伸筋膜网

- 仰卧在瑜伽垫上，双手向外伸展，重复髋部和腿部运动。注意关节活动度是如何变小的。试着臀部用力将双膝向下推向地面，同时注意不要扭伤和产生疼痛（参见图7.1c）。重复训练，直到柔韧性达到最佳水平。
- 仰卧在瑜伽垫上，双膝向身体一侧倾斜，保持双膝位置不变。接着，将与双膝方向相对的一侧手臂向上移动，另一侧手臂向下移动（参见图7.1d），或者尝试其他手臂运动。眼睛和头试着跟手臂一起动。在身体另一侧重复这些动作。

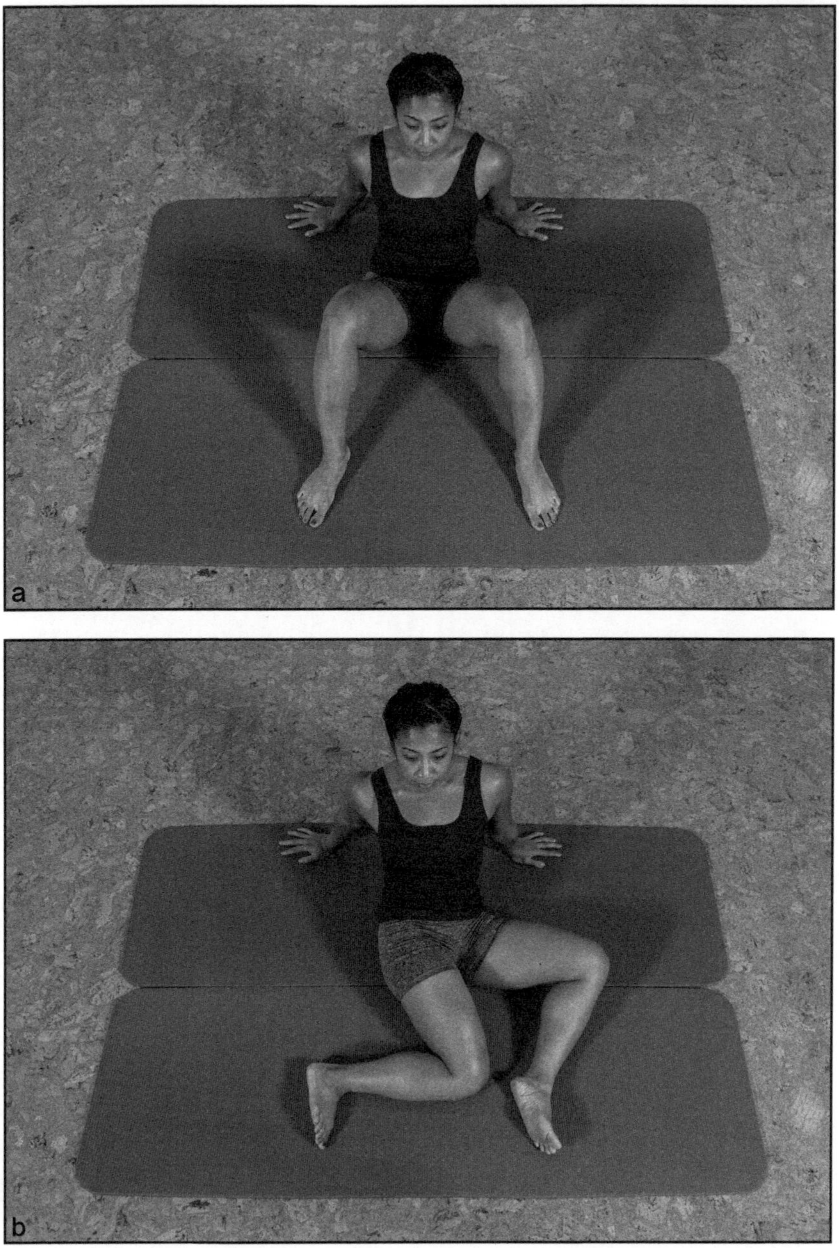

图 7.1 髋部 – 脊柱 – 肩部拉伸

图 7.1（续）髋部 – 脊柱 – 肩部拉伸

髋部屈肌–躯干–肩部拉伸

因为这个拉伸运动是跪着进行的，所以对主动核心运动控制能力、核心稳定能力以及上、下核心的协调性要求较高。如果你的膝前区疼痛，用护具或者衣服垫一下膝盖，减小压力，防止疼痛。如果进行这个动作时出现疼痛，请不要继续进行此项拉伸。

动作说明

1. 单膝跪地，另一条腿位于身体后方。将一只手臂举过头顶，另一只手扶住同侧膝，向前顶髋，保持胸部挺直，直到后腿一侧髋关节和腹股沟有拉伸感（参见图 7.2a）。
2. 向上举已经举过头顶的手臂，以加大对躯干、肩部和手臂的拉伸幅度（参见图 7.2b）。
3. 放下手臂，轻轻放松脊柱，进行波浪式拉伸并收回弓步，回到初始姿势。完成动作时脊柱保持直立。

拉伸筋膜网

借助髋部和躯干，绕更大的圈，手臂进行更大幅度的动作（参见图 7.2c）。

图 7.2 髋部屈肌 – 躯干 – 肩部拉伸

图 7.2（续）髋部屈肌 – 躯干 – 肩部拉伸

髋部内收肌-腹肌-躯干拉伸

腹股沟受伤在运动中很常见。以下拉伸运动对避免损伤至关重要。此外，这些拉伸运动有助于放松与髋部屈肌相连的髋部内收肌，有助于提升你在做跑步、突然转向（例如横切）、向后躲闪和急速滑行等动作时所需的柔韧性。

动作说明

1. 双手（或双拳）以及双膝撑地，双脚脚尖朝内。双膝张开，直到腹股沟有拉伸感。
2. 上半身向后朝脚跟方向移动，直到有轻微拉伸感（参见图 7.3a）。然后回到初始姿势。
3. 髋部向前移动，直到有轻微拉伸感（参见图 7.3b）。收回双手，回到初始姿势。
4. 重复上述动作，直到身体柔韧性达到最佳水平。

拉伸筋膜网

打开双膝，增加向后蹲坐的幅度（参见图 7.3c、图 7.3d），上半身前倾，头部左右转动（参见图 7.3e）。

图 7.3 髋部内收肌 – 腹肌 – 躯干拉伸

图 7.3（续）髋部内收肌 – 腹肌 – 躯干拉伸

图 7.3（续）髋部内收肌 – 腹肌 – 躯干拉伸

髋部内收肌–背阔肌–腰方肌拉伸

此项拉伸运动主要在身体两侧进行，能够提升大腿–髋部–背部–肩部的整体性。这会提升髋部的柔韧性，减少背部和双膝的压力。对横向加速和减速、跑步时突然转向、躲避拦截以及地面格斗中的快速进攻和防守动作，此项拉伸尤为有效。

动作说明

1. 双手撑垫，双膝跪垫，双手距离宽于双肩，手指分开，双膝并拢（参见图 7.4a）。
2. 呼气，缓慢地将髋部转向左侧，扭头看向脚部（参见图 7.4b）。
3. 将髋部转向右侧，从右侧扭头看向脚部，每次都将髋部下垂至更低位置，在身体两侧进行轮换练习。

图 7.4 髋部内收肌 – 背阔肌 – 腰方肌拉伸

髋部屈肌–腹肌–脊柱拉伸

此项拉伸运动能快速打开整个正面筋膜网，放松髋部屈肌、颈部、和脚踝。对于那些经常维持弯腰屈背姿势的人群，无论这种姿势是长时间保持的（例如长距离骑行运动员、在计算机前工作的人们）还是短时间保持的（例如美式橄榄球运动员、格斗运动员），此项拉伸运动对他们都有帮助。

动作说明

1. 双手撑垫，双膝跪垫，双手距离宽于双肩，手指分开，双膝并拢（参见图 7.5a）。
2. 将身体大部分重心放在手臂上，同时髋部垂向地面方向。眼睛向上看，下巴朝向天空方向（参见图 7.5b）。
3. 左侧髋部向地面方向下沉，扭头向右后方看，看向对侧髋部（参见图 7.5c）。换至身体另一侧做相同动作。
4. 身体回到中间位置，上半身向后移动，坐在脚跟上，头朝下贴在瑜伽垫上，双臂要么越过头顶（参见图 7.5d），要么位于身体两侧。
5. 重复上述动作，直至柔韧性达到最佳水平。

图 7.5 髋部屈肌－腹肌－脊柱拉伸

图 7.5（续）髋部屈肌 – 腹肌 – 脊柱拉伸

腰背部–臀肌–背阔肌–腘绳肌–股四头肌拉伸

此项拉伸运动能打开整个背面爆发力筋膜网，放松背阔肌和腘绳肌，疏通髋部、背部和肩部之间的联结。对于必须冲刺、躲闪、向后闪躲以及快速加速和减速的运动员来说，此项拉伸尤为有效。同时这个拉伸运动有助于锻炼手臂到达高空或以一定角度进行阻挡、捕捉或拦截的能力。

动作说明

1. 双膝弯曲侧身坐在瑜伽垫上，使身体大部分重心落在一侧臀肌上。将前侧脚放在后腿膝盖前（参见图 7.6a）。调整姿势，使身体处于舒适的状态。

2. 吸气时，头部直立，使整个脊柱伸直。呼气时，上半身向外伸展，并越过双膝，达到拉伸效果，保持脊柱处于伸直状态（参见图 7.6b）。轻轻地左右摇晃身体进行拉伸。

3. 用后腿同侧的手臂做越过头顶的游泳动作，从而增加对臀部、背部以及对侧肩部的拉伸力度（参见图 7.6c ~ g）。

4. 通过脊柱弯曲和伸展，回到初始姿势。

5. 前腿膝盖打开成 90 度，上半身前倾越过腿部，左右摇动身体，以拉伸不同部位的臀肌（参见图 7.6h 和图 7.6i）。回到初始姿势。如果需要，重复此动作。

6. 在身体另一侧进行此项拉伸，在比较紧绷的身体一侧进行两次重复练习。

图 7.6 腰背部 – 臀肌 – 背阔肌 – 腘绳肌 – 股四头肌拉伸

图 7.6（续）腰背部 – 臀肌 – 背阔肌 – 腘绳肌 – 股四头肌拉伸

图 7.6（续）腰背部 – 臀肌 – 背阔肌 – 腘绳肌 – 股四头肌拉伸

图 7.6（续）腰背部－臀肌－背阔肌－腘绳肌－股四头肌拉伸

图 7.6（续）腰背部 – 臀肌 – 背阔肌 – 腘绳肌 – 股四头肌拉伸

拉伸筋膜网

前腿膝盖伸直，直到膝盖或腘绳肌有轻微拉伸感（膝盖不一定非要伸直）（参见图 7.6j）。吸气时伸展躯干，接着上半身轻轻向前倾，直到有轻微拉伸感（参见图 7.6k）。在左右两侧轻轻地摇动身体。根据耐受程度进一步伸直膝盖，如有需要，重复此动作，每一次做完伸直腿的动作之后，轻轻地活动同侧脚。另一个进展是将所有这些动作结合起来。

图 7.6（续）腰背部 – 臀肌 – 背阔肌 – 腘绳肌 – 股四头肌拉伸

站姿拉伸

做完特定、详尽的地面预备拉伸后，接着应该做站姿拉伸运动。有一些很好的站姿动态拉伸动作，许多运动员都能做得很标准。因此，我们将只阐述不常见但是和详尽的地面预备拉伸同等重要的站姿拉伸。

腓肠肌－腘肌－髋部－躯干－肩部拉伸

在进行任何站姿拉伸运动之前，调动自己的双脚和脚踝，它们是整个身体运动链正常运作的基础。为了使拉伸效率更高，我们会让你同时进行其他拉伸爆发力筋膜网的运动，从而达到动态拉伸全身的目的。

动作说明

1. 从站姿开始，向下弯曲身体，膝关节微屈。双手向前伸，直到小腿开始有中度拉伸感（参见图 7.7a）。
2. 双脚和双手位置保持不动，使髋部先轻轻向身体一侧倾斜，然后再倾斜至另一侧，两边交替进行（参见图 7.7b）。逐渐加大髋部的倾斜幅度，同时保持身体平衡。
3. 轻微旋转髋部，让髋部从身体一侧倾斜至另一侧。

图 7.7 腓肠肌 – 腘肌 – 髋部 – 躯干 – 肩部拉伸

比目鱼肌–踝关节后侧拉伸

本章前面所述的拉伸动作调动和拉伸了身体从肩部到腿部的大部分联结，而此项拉伸是针对身体局部，即集中于腿部和脚部。在从站立位开始运动之前，运用此项拉伸调动脚和脚踝。

动作说明

1. 同上一个拉伸动作的初始姿势相同（参见图 7.8），向前移动后腿，接着弯曲膝盖，前后移动髋部，直至小腿下方或踝关节后侧有拉伸感。
2. 把髋部旋转至左侧并看向左肩时，保持分腿下蹲姿势；接着，旋转髋部至右侧，看向右肩。在身体两侧交替旋转髋部，直至柔韧性达到最佳水平。
3. 交换双腿姿势，重复同样的动作。

伸展筋膜网

一只手臂（如果靠着墙）或双臂（如果不靠墙）朝着髋部旋转的方向伸展，以扩大关节活动度，深入拉伸躯干、肩部和双臂。交换双腿姿势，重复同样的动作。

图 7.8 比目鱼肌 – 踝关节后侧拉伸

前文所述的拉伸运动有助于身体各部位做好运动准备，同时这些拉伸运动也有助于身体进行弹振柔韧性训练。本书不对将弹振柔韧性训练的详细内容与特定运动的热身运动和其他预备动作联系在一起做说明。下一章将讲述辅助拉伸的操作细节及流程，供教练、训练师、理疗师、按摩师、脊柱理疗医师和其他进行手法矫正治疗的人士使用。本书提供的拉伸方法和技巧适用于在地面或桌面上进行的拉伸练习，一些精英和专业运动员在运用这些拉伸方法和技巧之后都取得了巨大的成效。

第 8 章

辅助拉伸

虽然本书的重点是自我拉伸，但我们也不能忽视几个独特的辅助筋膜拉伸动作。辅助拉伸是让运动员借助他人的力量和杠杆作用，在没有痛苦的前提下轻松地扩大关节活动度。在本章中，我们介绍了地面拉伸操作流程和桌面拉伸操作流程。

虽然本章介绍的辅助拉伸动作都很安全，没有受伤风险，但建议运动员请有解剖学和生理学背景的人来进行辅助拉伸，例如体能教练、物理治疗师、按摩理疗师或受过训练的专业人员。辅助者若是没有相关经验，帮助运动员进行辅助拉伸时可能导致运动员受伤。我们增加这一章以便助理教练、治疗师（辅助者）和运动员能更好地理解辅助拉伸。（注意：在本章中，“你”指的是辅助者而不是运动员）

辅助者需要充分了解拉伸技巧，从而正确执行辅助拉伸动作，并使筋膜辅助拉伸的效果最大化。本章将辅助拉伸的具体操作方式分解为了几个步骤，供辅助者参考并遵循。在讨论细节之前，我们列出了一些关键信息，以确保运动员、教练、治疗师或搭档可以获得最佳拉伸效果。

辅助拉伸的关键概念

对于有经验的训练师、教练或治疗师来说，他们可能已经非常熟悉本章中的一些概念。我们在此分享我们的理念、成功的秘诀、正确的身体结构知识，以及详细说明如何有效地实施拉伸。

关键概念如下。

平缓、流畅地进行肌肉收缩

每次开始和结束肌肉收缩时，动作应该平缓、流畅。每次向心收缩大约持续半秒，等长收缩大约持续两秒。在扩大关节活动度之前，加大牵引力可以增加关节之间的空隙。FST 的一个基础是应用第 1 章介绍的改进版 PNF 拉伸（本体感神经肌肉易化法）。PNF 拉伸应该在训练师、教练、治疗师和运动员的共同合作下进行，其实施方式应该对他们来说都较为简单。辅助者会为运动员提供触觉提示，即辅助者在需要施加阻力的部位轻拍。在这个过程中，辅助者还会给出口头提示，让运动员进入拉伸状态，例如，“对抗我的阻力”或者“你的腿向我的手下压”。在相同位置进行 PNF 拉伸，会进一步扩大该部位的活动范围，关节活动角度增加 3 ~ 5 度。重复 PNF 拉伸，直到组织放松并取得充分的拉伸效果。对于实现提升柔韧性和灵活性这一拉伸目标，轻微且持续的拉伸更加重要并且有效。

运用身体而不只是双手

辅助者在辅助拉伸过程中要利用其他身体部位（例如，脚、臀部），而不只是双手。双手保持放松，抓住运动员但不要太用力。和运动员一起移动，而不仅仅是移动他们。这样会增强运动员的安全感，使其放松。辅助者将自己的身体作为一个杠杆，而不是用力拉、推，否则会使身体感到酸痛或疲劳。

通过中立途径进行拉伸放松

拉伸完成后，在不同的平面通过中立途径进行拉伸放松，这样刚刚拉伸的部分就不会再收缩（也就是说，从另一个方向进行拉伸放松）。例如，如果你抬起运动员的腿进行髋关节屈曲，拉伸完成后要通过髋关节外展来放松。

使用呼吸次数为拉伸计时

与其在规定时间内进行拉伸（如 30 秒），不如用呼吸次数来确定拉伸的时间。辅助者和运动员一起吸气准备拉伸，然后再一起呼气开始拉伸。只有组织完全放松后才能开始下一个拉伸动作。

动作转换时要尽量缓慢和流畅，缓慢地开始和结束每个拉伸动作。要感觉组织的反应，确定是否需要放慢速度或延长时间。然而，如果运动员在为体育活动或比赛做准备，你需要提高交感神经系统的运作速度。

辅助拉伸技巧

辅助拉伸需要在搭档的帮助下进行，对于搭档和运动员来说，辅助拉伸很容易实施。以下是一些技巧提示。

双方相互交流

首先考虑的是安全问题，运动员信任辅助者对合作关系至关重要。作为一名辅助者，必须要清楚自己的目的，并在每次拉伸中明确运动员的目标及关心的问题。除此之外，辅助者还需要定期与运动员沟通。运动员的身体组织会告知它的需要，但也要注意运动员的言语提示、面部表情和肢体语言。

有效辅助拉伸的关键是寻求运动员的反馈，并给予交流提示以获得特定的信息。

交流提示举例如下。

- 哪里感觉到被拉伸？
- 拉伸感属于10个等级中的哪个级别？
- 有挤压感吗？

使用不同的方式来获得反馈，因为人们并不一定了解自己应该感觉到什么或者体验到什么。通过触觉提示，如在需要对抗辅助者阻力的部位轻轻敲打，或者给出言语提示，如“对抗我的阻力”或者“你的腿向我的手下压”。

适量为最佳

当你发现已经达到最佳拉伸效果时，不要被运动员说服，做更深入的拉伸。我们的理念是适量为最佳。你可以在下一次训练期间增加拉伸强度，记住过度拉伸造成的伤痛很难缓解。

倾听并了解身体组织需要时间和耐心，让自己保持轻松。我们用了 40 多年的时间来发展这项技术，然而我们现在仍然每天都在向每个客户和学生学习。耐心和实践是成功的必要条件，因此请减慢速度，继续注意你的身体感觉和身体组织的需要。用心了解，而不仅仅是用大脑来调整运动员的身体。姿势正确时，拉伸动作就会自然流畅。如果你经常觉得拉伸很吃力，那你需要在拉伸时投入精力、耐心和运用技巧来集中注意力，而不仅仅是使用体力。

找出有效的方法

黄金法则是，如果辅助者对自己的姿势感到舒适和放松，并且运动员感到放松且没有疼痛，那么拉伸就是有效的。不要担心是否达到书中所说的完美姿势，因为姿势的不同取决于每个运动员和辅助者的体形和身体柔韧性。不需要明确规定辅助者的手脚放置位置，只要感到轻松和舒适即可，找到适合自己的位置和方法。如果你感到不舒服或疼痛，运动员就会感觉到你的疼痛或不舒服，也就无法放松。

产生牵引力

牵引力是筋膜拉伸治疗技术的基础。常见的错误是拉伸期间没有产生足够的牵引力或牵引力消失。我们的目的是在整个拉伸过程中一直保持牵引力。牵引力来自辅助者的整个身体（而不仅仅是双手）。辅助者不应该感觉到自己在拉运动员。

地面拉伸操作流程

地面拉伸可以作为拉伸的一部分或全部内容，还可以用于活动前的准备，或活动后的恢复。运动员的任务是通过 PNF 拉伸保持身体处于活跃状态，或进行恢复性拉伸，使身体放松。

为了获得最佳拉伸效果，需要先拉伸身体一侧，然后再拉伸另一侧。在拉伸之前，需要对拉伸部位的紧绷程度进行评估。确定拉伸部位的紧绷程度后，开始拉伸，然后在身体组织感受到阻力时进行 PNF 拉伸。如有需要，可以在某个紧绷部位进行长时间拉伸，或者在做完身体两侧的拉伸之后再拉伸这个部位。操作流程中的拉伸动作都对身体柔韧性有提升作用，柔韧性是实现最佳运动表现的必需素质。

本章大部分图中，展现了一位身材娇小的治疗师和一位身材高大的运动员。这些图反映了他们运用的生物力学机制。因此，拉伸过程中有必要调整客户身体的力学机制和姿势，使双方都能获益。

侧面筋膜网拉伸

这是一个基础拉伸动作，因为横向移动是体育运动中不可或缺的动作。我们强烈建议每个人都进行侧面拉伸，尤其是侧面筋膜网中有紧绷问题的运动员。

动作说明

1. 运动员仰卧，抬起一条腿，脚部轻微背屈。辅助者站在运动员脚边。
2. 辅助者弯腰，抓住运动员的脚跟，然后用一只脚的脚面钩住运动员在地上的另一只脚跟（参见图 8.1a）。辅助者移动两条腿，使其偏离运动员身体的中线，当感觉到身体组织的阻力时停止移动。运动员的另一条腿向下压在辅助者的腿上。
3. 辅助者的身体向外倾斜，同时将运动员的脚向外拉，从而增加拉伸强度（参见图 8.1b）。运动员抬起拉伸侧手臂，伸过头顶，并尽最大可能侧屈上半身，想象在做弧线运动。
4. 如果拉伸一侧仍有紧绷感，则重复拉伸，或者换一侧重复拉伸。

常见错误

- 由于辅助者身体的倾斜幅度不够，没有远离双脚，所以没有产生足够的牵引力。
- 用双手牵拉，而不是用身体产生牵引力。
- 辅助者拉伸速度过快，运动员无法感受到组织拉伸。
- 运动员的上半身动作没有增大拉伸强度。

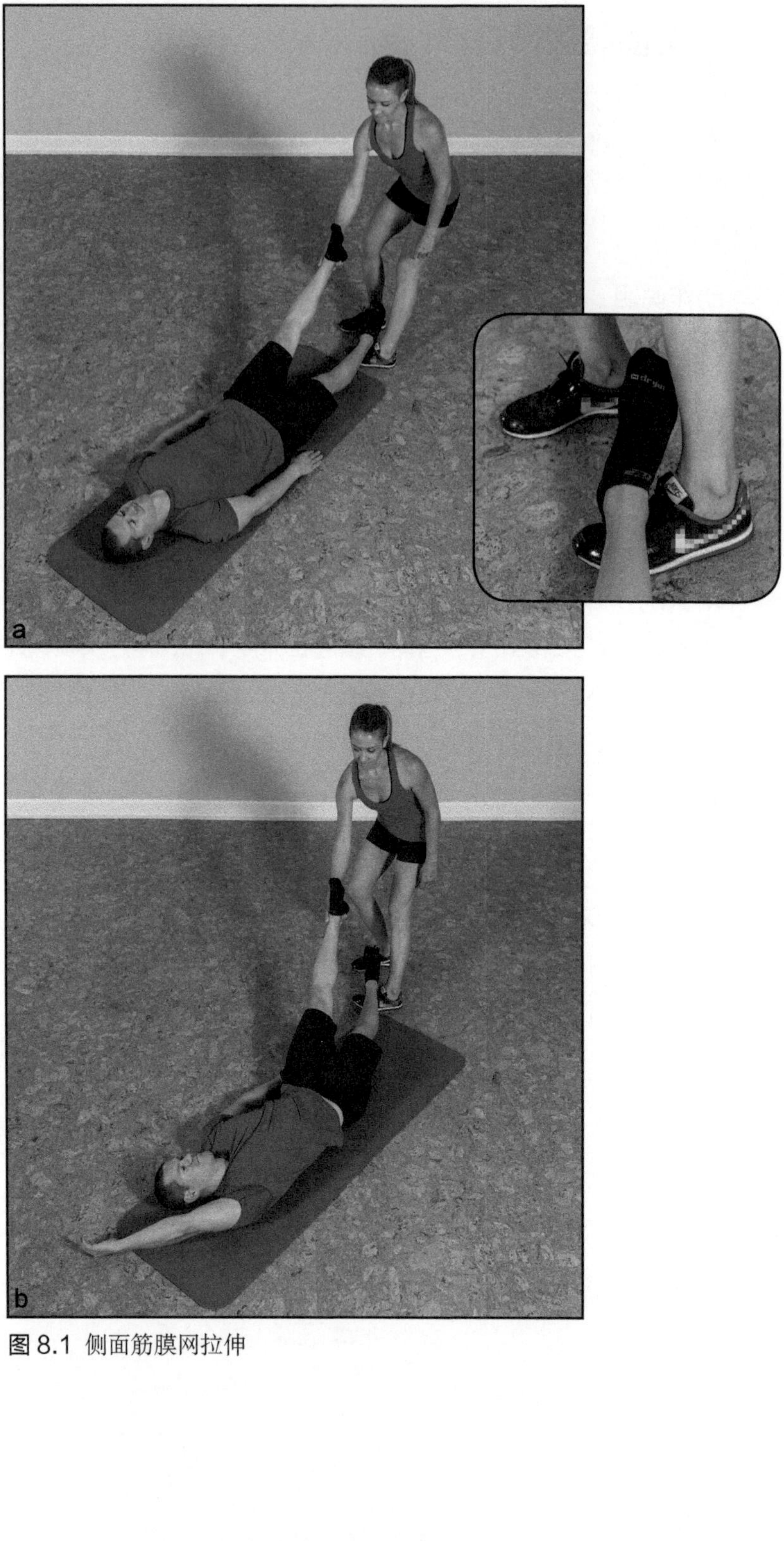

图 8.1 侧面筋膜网拉伸

爆发力筋膜网、浅层背面筋膜网和下背部拉伸

爆发力筋膜网、浅层背面筋膜网与运动直接相关，而下背部往往是肌肉紧绷的部位之一。

动作说明

1. 运动员仰卧，双膝向一侧叠放，双臂向两侧伸展（参见图 8.2a）。为了做到这个姿势，运动员的双脚放在垫子上，辅助者将运动员的双膝向胸部方向弯曲，再落在身体的一侧。
2. 将运动员的双腿分开，就像打开剪刀一样。
3. 辅助者跨入运动员打开的双腿之间，用两个脚面向上钩起运动员的双膝，然后用自己的双腿把运动员的双腿分开，方法是先将一条腿打开，然后再将另一条腿打开，最后将两条腿同时打开（参见图 8.2b）。运动员抬起拉伸侧手臂，伸过头顶，双腿用力挤向辅助者。辅助者通过下蹲进一步分开运动员双腿来增加拉伸强度。
4. 辅助者弯曲身体，一只手放在运动员的胸腔上（注意不要按压第 12 根肋骨），另一只手放在运动员的下胸腔上，通过移动背阔肌和骨盆来增加旋转幅度（参见图 8.2c）。
5. 辅助者的双手向相反的方向移动，位于上胸腔的手向下按压运动员的背阔肌，位于下胸腔的手向上旋转运动员的肋骨。
6. 辅助者尽量下蹲，加大运动员胸腔、脊柱的旋转幅度，以增加拉伸强度。
7. 如果拉伸一侧仍有紧绷感，则重复拉伸，或者换一侧重复拉伸。

常见错误

- 运动员两腿分开的距离不够。
- 辅助者拉伸速度过快，运动员无法感受到组织拉伸。
- 运动员的上半身动作没有增大拉伸强度。
- 只用双手牵拉，而不是使用身体产生牵引力。

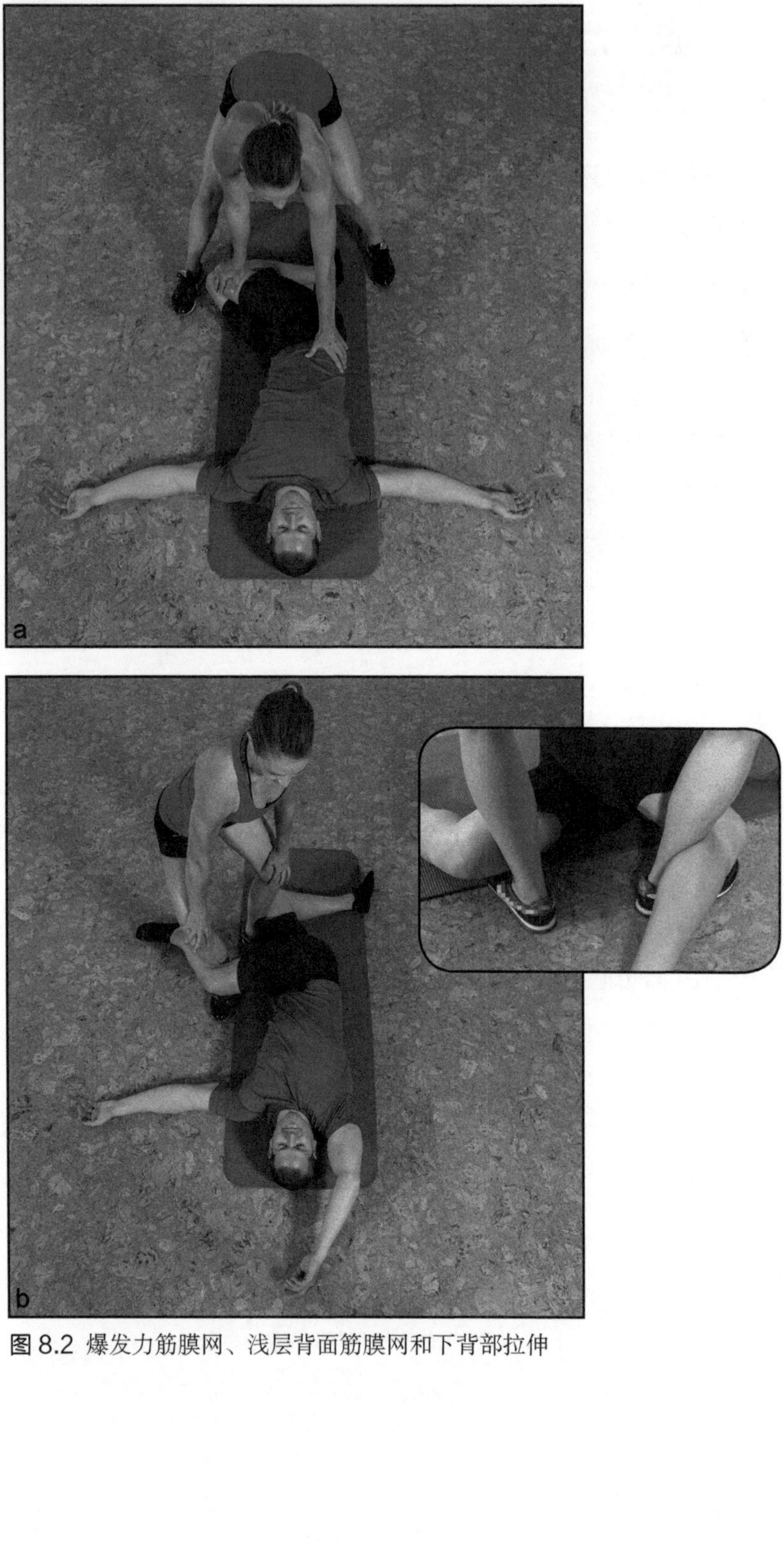

图 8.2 爆发力筋膜网、浅层背面筋膜网和下背部拉伸

图 8.2（续）爆发力筋膜网、浅层背面筋膜网和下背部拉伸

爆发力筋膜网、臀中肌和梨状肌拉伸

爆发力筋膜网、臀中肌和梨状肌经常处于紧绷状态，这些肌肉的左右两侧之间往往存在不平衡问题。

动作说明

1. 运动员仰卧，双臂向两侧伸展。辅助者在运动员的大腿处单膝跪地。
2. 辅助者将身体外侧的手掌放在运动员的脚踝外侧，另一只手放在运动员的膝盖后部。仅轻微施压。
3. 弯曲运动员的膝盖，使其朝运动员胸部中心移动，脚在膝盖以下朝向地面（参见图 8.3）。运动员把膝盖抵在辅助者的手上。
4. 抬起运动员的身体，使股骨离开关节窝并产生牵引力。然后，轻轻放低运动员的身体，找到适合运动员的拉伸范围，并增加拉伸强度。
5. 如果拉伸一侧仍有紧绷感，则重复拉伸，或者换一侧重复拉伸。

常见错误

- 将膝盖向胸部按压的力量超过了按压脚踝的力量。
- 辅助者拉伸速度过快，运动员无法感受到组织拉伸。
- 初始姿势时，运动员膝盖离身体中线太远。
- 只用双手牵拉，而不是使用身体产生牵引力。

图 8.3 爆发力筋膜网、臀中肌和梨状肌拉伸

爆发力筋膜网、臀大肌和深层旋转肌拉伸

臀部肌群是运动的强大动力来源。这个部位紧绷会显著降低爆发力。

动作说明

1. 运动员仰卧，双臂向两侧伸展。辅助者在运动员的大腿处单膝跪地。
2. 辅助者抬起运动员的一条腿，将其弯曲成 90 度，然后抬起至辅助者的内侧肩膀（与拉伸腿同侧的肩部）。辅助者用外侧手支撑上抬腿的脚跟，内侧手轻轻放在这条腿的膝盖后部。
3. 抬起运动员的身体，使股骨离开关节窝并产生牵引力。
4. 辅助者将运动员的腿向膝盖的方向外推。运动员的膝盖压向辅助者的手。
5. 辅助者双手交换位置，将运动员的腿抬至外侧肩膀。运动员的膝盖压向辅助者的手。
6. 弯曲运动员的膝盖，使其朝运动员胸部中线移动，脚在膝盖以上并朝向地面，使大小腿成 90 度（参见图 8.4）。运动员的膝盖压向辅助者的手。
7. 如果拉伸一侧仍有紧绷感，则重复拉伸，或者换一侧重复拉伸。

常见错误

- 将膝盖按压到胸部的力量超过了按压脚踝的力量。
- 辅助者拉伸速度过快，运动员无法感受到组织拉伸。
- 初始姿势时，运动员膝盖离身体中线太远。
- 只用双手牵拉，而不是用身体产生牵引力。

图 8.4 爆发力筋膜网、臀大肌和深层旋转肌拉伸

臀肌推动

这个动作是为了确保不同部位的臀肌都得到拉伸。

动作说明

1. 从“爆发力筋膜网、臀大肌和深层旋转肌拉伸”动作的结束姿势开始，推动臀肌进行扇形运动，至运动员胸部时停止动作，产生牵引力（参见图 8.5）。
2. 辅助者在推动运动员的腿部进行扇形运动的过程中，应该缓慢地降低重心，使身体重量慢慢压在运动员腿上，从而保证运动员不同部位的臀肌得到拉伸。
3. 如果拉伸一侧仍有紧绷感，则重复拉伸，或者换一侧重复拉伸。

常见错误

- 将膝盖按压到胸部的力量超过了按压脚踝的力量。
- 辅助者拉伸速度过快，运动员无法感受到组织拉伸。
- 初始姿势时，运动员膝盖离身体中线太远。
- 只用双手牵拉，而不是用身体产生牵引力。

图 8.5 臀肌推动

浅层正面筋膜网、深层正面筋膜网和髋部屈肌拉伸

这些部位的组织几乎一直处于紧绷状态，尤其是运动员进行屈体活动时。

动作说明

1. 从臂肌推动的仰卧姿势开始，运动员翻身侧卧，上面的手臂向上伸展，在必要的情况下下面的手臂可以垫在头部下面。
2. 辅助者面朝运动员双脚的方向，分腿跨立在运动员身体的两侧，运动员下面的脚放在距离辅助者最近的脚面上。
3. 辅助者弯腰，将内侧手放在运动员的脚踝上，外侧手支撑运动员的膝盖，让运动员的这条腿放松。稍微弯曲运动员的膝盖，但不要超过 90 度。
4. 辅助者身体向后倾斜以产生牵引力，同时将运动员的腿稍微向后拉。
5. 辅助者稍微降低身体重心，将运动员上面的腿朝地板方向拉伸，直到感觉到组织的抗阻力。运动员尝试向相反方向旋转腿部，以增加髋关节屈曲幅度（参见图 8.6a）。
6. 运动员在上面的腿再次拉伸（参见图 8.6b) 之前，将下面的腿向前移动（参见图 8.6c)。辅助者进一步分开运动员的双腿，增加拉伸幅度。
7. 为进一步增强拉伸效果，运动员可以主动将手臂伸过头顶，同时将胸部朝天花板方向打开或增大膝关节屈曲幅度。
8. 如果拉伸一侧仍有紧绷感，则重复拉伸，或者换一侧重复拉伸。

常见错误

- 辅助者拉伸速度过快，运动员无法感受到组织拉伸。
- 腿部没有完全伸展。
- 运动员翻身背部着地而不是侧卧。
- 只用双手牵拉，而不是用身体产生牵引力。

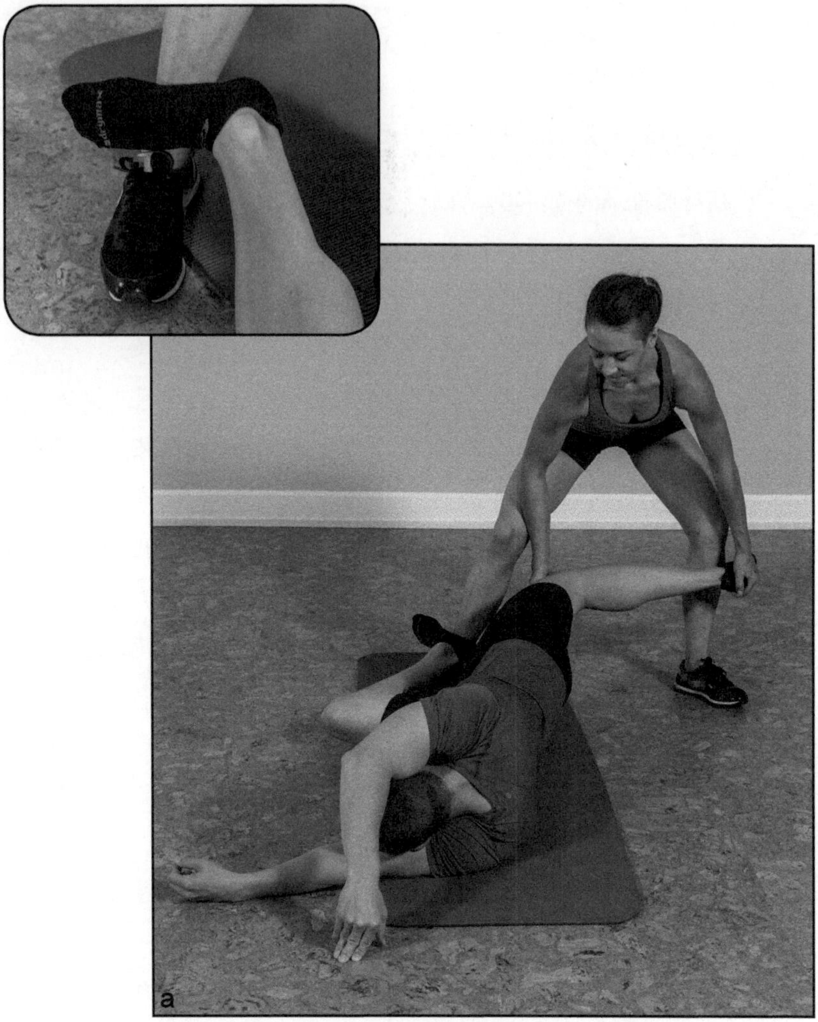

图 8.6 浅层正面筋膜网、深层正面筋膜网和髋部屈肌拉伸

图 8.6（续）浅层正面筋膜网、深层正面筋膜网和髋部屈肌拉伸

正面筋膜网和背阔肌拉伸

正面筋膜网和背阔肌是身体的关键部位，因为背阔肌连接着手臂和躯干，对运动有非常显著的影响。这些部位的紧绷或者不平衡问题必须解决，如果不解决，活动会受到限制或身体活动时无法保持平衡，明显降低整个身体的灵活性。

动作说明

1. 运动员保持同“浅层下面筋膜网、深层正面筋膜网和髋部屈肌拉伸”相似的侧卧姿势，双膝略微弯曲，向一侧叠放。如果需要，运动员可以用下面的手臂支撑头部。辅助者在运动员头部附近呈坐姿或下蹲。
2. 辅助者的手臂和运动员的手臂在肘弯处互相钩住，辅助者的另一只手握住运动员的手腕（参见图 8.7a）。
3. 辅助者向天花板方向抬起手臂，保持手腕轻微的张力以形成牵引力。辅助者的身体向后倾斜，直到感觉到组织的抗阻力。通过向后倾斜更大的幅度以增强杠杆作用来维持牵引力。
4. 辅助者分别向自身两侧倾斜以针对不同的肌肉进行拉伸，将运动员的手臂向地板方向牵拉以加大上面手臂的屈曲幅度，从而增加拉伸强度（参见图 8.7b、图 8.7c）。同时，运动员将肩胛骨拉向同侧髋部。
5. 如果拉伸一侧仍有紧绷感，则重复拉伸，或者换一侧重复拉伸。

常见错误

- 拉伸过程中没有保持牵引力。
- 运动员肩部收缩。
- 只用双手牵拉，而不是用身体产生牵引力进行拉伸。
- 辅助者拉伸速度过快，运动员无法感受到组织拉伸。

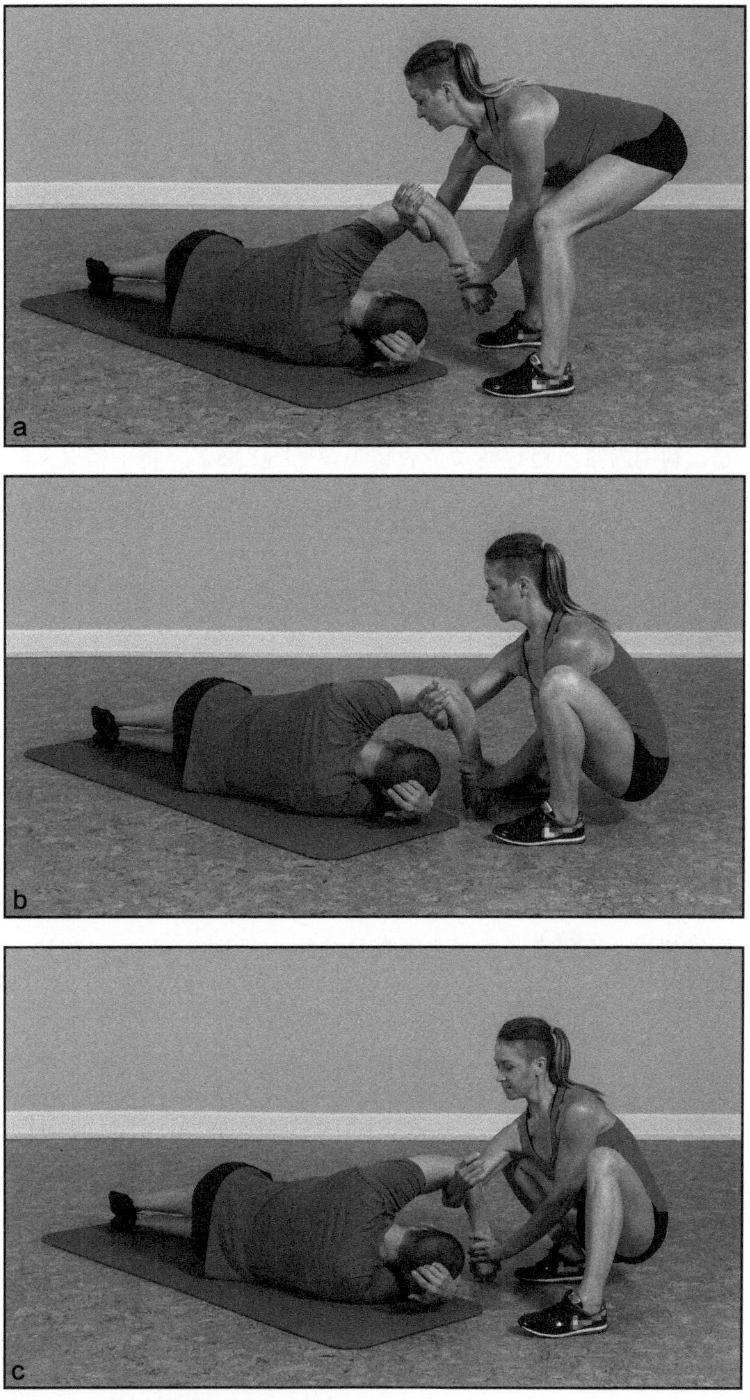

图 8.7 正面筋膜网和背阔肌拉伸

浅层背面筋膜网、腓肠肌和比目鱼肌拉伸

这些部位的肌肉紧绷程度会影响速度和敏捷性，同时还会影响深蹲的质量。

动作说明

1. 运动员双脚前后站立，双手靠在墙上或柱子上，双膝弯曲，脚跟着地。
2. 辅助者坐在运动员身后的地面上，一侧腿放在运动员后腿的脚踝处，利用内收肌稳定运动员后腿（参见图 8.8a）。将手指交叉放在踝骨上方，轻轻抓住运动员的脚踝前部。然后运动员身体前倾，直到双方都感到抗阻力。
3. 运动员将前脚掌向地板下压，缓慢地前后移动髋关节，同时辅助者将运动员的小腿向后拉以保持牵引力（参见图 8.8b）。运动员还可以将髋关节左右移动。
4. 辅助者慢慢地将双手向上移动到运动员的胫骨前面，运动员继续向前移动髋关节，以拉伸腿部上方不同部位的身体组织。
5. 在拉伸比目鱼肌时，运动员弯曲后腿膝盖，同时前后或左右移动髋关节。
6. 如果拉伸一侧仍有紧绷感，则重复拉伸，或者换一侧重复拉伸。

常见错误

- 引起疼痛（运动员控制拉伸强度）。
- 没有向前移动髋关节。
- 辅助者双手握得太紧。
- 只用双手牵拉，而不是用身体牵引拉伸。
- 辅助者拉伸速度过快，运动员无法感受到组织拉伸。

图 8.8 浅层背面筋膜网、腓肠肌和比目鱼肌拉伸

辅助拉伸：固定带

使用固定带是我们的技术的一个特点。我们研发这种方法时，考虑到与我们合作的运动员的体形和力量，参考了杠杆原理。我们的固定带已经从让人不适的安全带类型发展为具有缓冲作用的固定带，可以在治疗桌下方轻松滑动。这些固定带可以让运动员放松，让辅助者专注于他们试图打开或放松的部位，而不必固定运动员可能来回移动的一条腿。如果没有固定带，辅助者需要相应地调整拉伸动作。如有可能，用另一只手或让助手协助进行固定，或让运动员自己保持稳定。

图 8.9a 显示了在没有固定带的情况下，辅助拉伸时可能出现的动作失误，图 8.9b 显示了使用固定带可以达到的控制水平。近 20 年来，NFL 球员一直是我们诊室的主要客户。你可能还会注意到，运动员和治疗师在体形方面的差别。

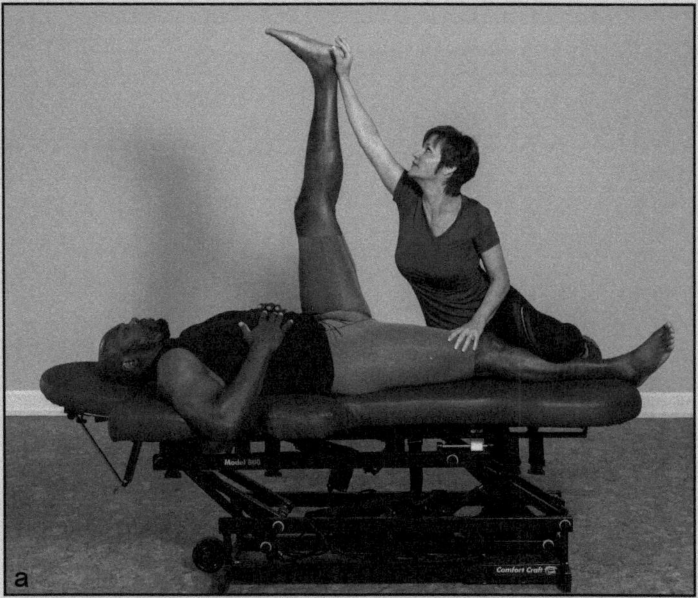

图 8.9　没有固定带，辅助者必须用手来固定运动员。这种动作比较尴尬，同时还会使辅助者面临压力积累和扭伤的风险

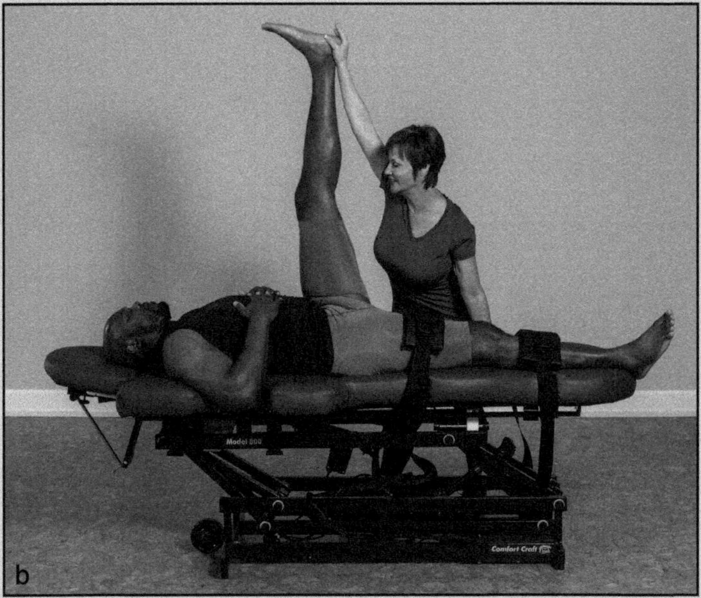

图 8.9（续）有固定带，能够完全固定运动员未被拉伸的身体部分，使辅助者能更好地利用杠杆作用，并更加专注于运动员被拉伸的身体部分

桌面拉伸操作流程

从杠杆作用和身体力学的角度来看，在治疗桌上进行辅助拉伸要更加容易。通过调整拉伸节奏，治疗桌拉伸操作流程可用于活动前、后的拉伸练习（本书以治疗床示范动作）。

为了获得最佳拉伸效果，需要先拉伸身体一侧，然后再拉伸另一侧。在拉伸之前，需要对活动范围内身体的紧绷程度进行评估。如有需要，可以在某个紧绷部位进行较长时间的拉伸，或者在做完身体两侧的拉伸之后再拉伸这个部位。操作流程中的拉伸动作都对身体柔韧性有提升作用，柔韧性是实现最佳运动表现所必需的素质。

可以再次看到，后文大部分图片中展现的是一位身材娇小的治疗师和一位身材高大的运动员。这些图反映了他们运用的生物力学机制。因此，拉伸过程中有必要调整治疗桌的高度、身体力学机制和客户的姿势位置，使双方都能正常完成动作。

双腿牵引拉伸

进行这一拉伸的目的是评估整个筋膜网的张力及受限情况。

动作说明

1. 运动员仰卧在治疗桌上，双臂放松，放在身体两侧或身体上。
2. 辅助者站在治疗桌尾部，髋部与治疗桌垂直。双手呈杯状，手掌分别握住运动员的两个跟骨，四个手指轻轻地包住运动员的脚跟，大拇指无须接触。
3. 用牵引力将运动员伸展的双腿抬起，辅助者屈曲髋部 10 ~ 20 度。
4. 辅助者轻拉运动员的双腿，激活核心部位，微屈双膝，在整个身体处于放松状态时向后倾，保持这种放松状态，直到运动员的双脚进入轻微的背屈状态（参见图 8.10）。辅助者手臂伸直，肩膀向下放松。
5. 缓慢地开始和结束每一次牵引拉伸，并利用呼吸来指导何时放松，然后重复练习。

常见错误

- 抓握在跟腱位置。
- 辅助者拉的力度不够或拉得太快。
- 辅助者重心下降，呈蹲姿。

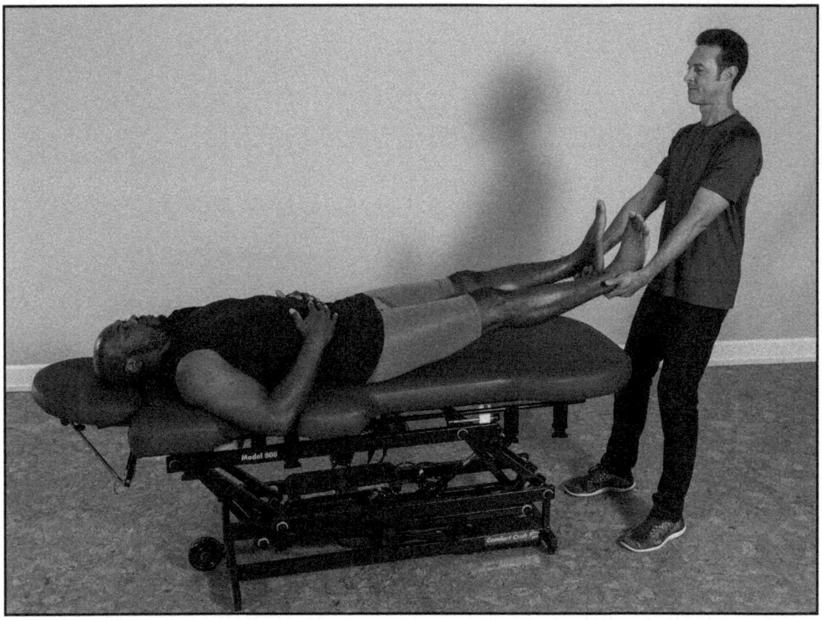

图 8.10 双腿牵引拉伸

单腿牵引拉伸

进行这一拉伸的目的是评估髋关节囊的活动范围。

动作说明

1. 运动员仰卧在治疗桌上，双臂放在身体两侧或身体上。
2. 辅助者站在治疗桌尾部，髋部与治疗桌垂直，抓住运动员的一条腿。外侧手掌呈杯状，轻托放松的脚跟；内侧手起支撑和辅助作用，使运动员的脚固定为背屈状态。辅助手的拇指位于外踝处，其余四个手指包住脚踝。
3. 将运动员的腿抬离治疗桌，使髋关节屈曲并外展约 20 度，股骨轻微外旋。找到关节最开放、最适合牵引的位置，通常通过多次轻微外展和外旋以确定最合适的位置。
4. 辅助者轻拉运动员的腿，同时激活核心，微屈双膝，在整个身体处于放松状态时向后倾，保持这种状态直到感觉到关节囊内有轻微的弹性（参见图 8.11）。不要试图猛拉或猛推髋部。
5. 重复三次，并在每次重复时增加拉伸强度。

常见错误

- 辅助者的辅助手的拉力不足。
- 没有保持足部背屈。
- 只用双臂牵拉，而不是用身体产生牵引力。
- 辅助者重心下降，呈深蹲姿势，没有保持正确的牵拉角度。
- 拉的动作过快。

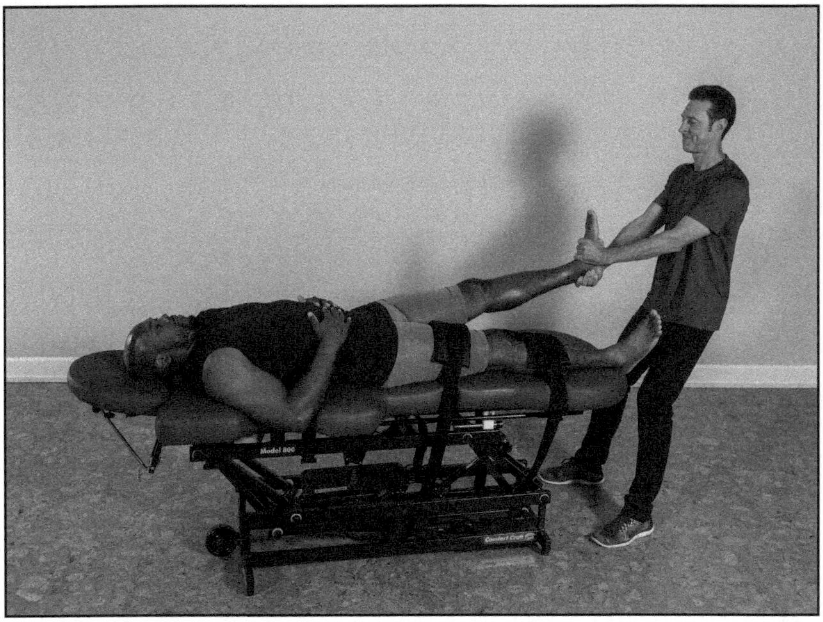

图 8.11 单腿牵引拉伸

借助治疗桌进行侧面筋膜网拉伸

这一拉伸的目的是评估侧面筋膜网的活动范围，同时增加侧面躯干、髋部和腿部的活动范围。这种拉伸运动可以拉长身体侧面的组织，特别是位于躯干、髋部和大腿外侧的肌肉，许多运动员的这些身体组织非常紧绷。身体两侧存在不平衡的现象是非常普遍的，通过 2：1 或 3：1 的拉伸动作次数比例可以缓解这种不平衡。这种拉伸运动还可以纠正由身体组织紧绷引起的双腿长短差异。

动作说明

1. 运动员仰卧在治疗桌上，双臂放在躯干上。
2. 辅助者站在治疗桌尾部，靠近运动员的双脚，双手手掌分别抓住运动员的两只脚跟。辅助者慢慢向治疗桌的一侧移动，同时身体向后倾斜以牵引运动员的双腿。当进行上述动作时，保持运动员的双腿接触治疗桌（参见图 8.12a）。等运动员的内侧腿越过治疗桌时，向前跨一步使身体与运动员的腿接触。
3. 继续抬起运动员的外侧腿至另一条腿上方，不要拉伸腘绳肌（参见图 8.12b）。辅助者内侧手仍放在运动员脚踝上提供支撑。运动员将拉伸腿向辅助者的手掌下压，以产生抗阻力。
4. 辅助者向远离治疗桌的方向倾斜，向前引导运动员的髋部，使其骨盆略微前倾，以增加牵引力。
5. 为了增加拉伸强度和拉伸更多的肌肉，辅助者将重心向后转移到脚跟以释放张力，并让运动员的腿沿着辅助者的腿轻松滑下。在运动员的腿向地面下滑时，辅助者用内侧手加以辅助，以增加拉伸强度，并改变目标肌肉的拉伸角度。重复拉伸动作。
6. 辅助者将运动员的两条腿抬起，并稍微抬高一点，向另一侧移动恢复到初始姿势，辅助者回到运动员身体中线位置。
7. 如果拉伸一侧仍有紧绷感，则重复拉伸，或者换一侧重复拉伸。

常见错误

- 失去牵引力。

- 将运动员的双腿抬离治疗桌。
- 辅助者移动过快，运动员无法感受到组织拉伸。
- 运动员的髋部向上抬起或旋转。

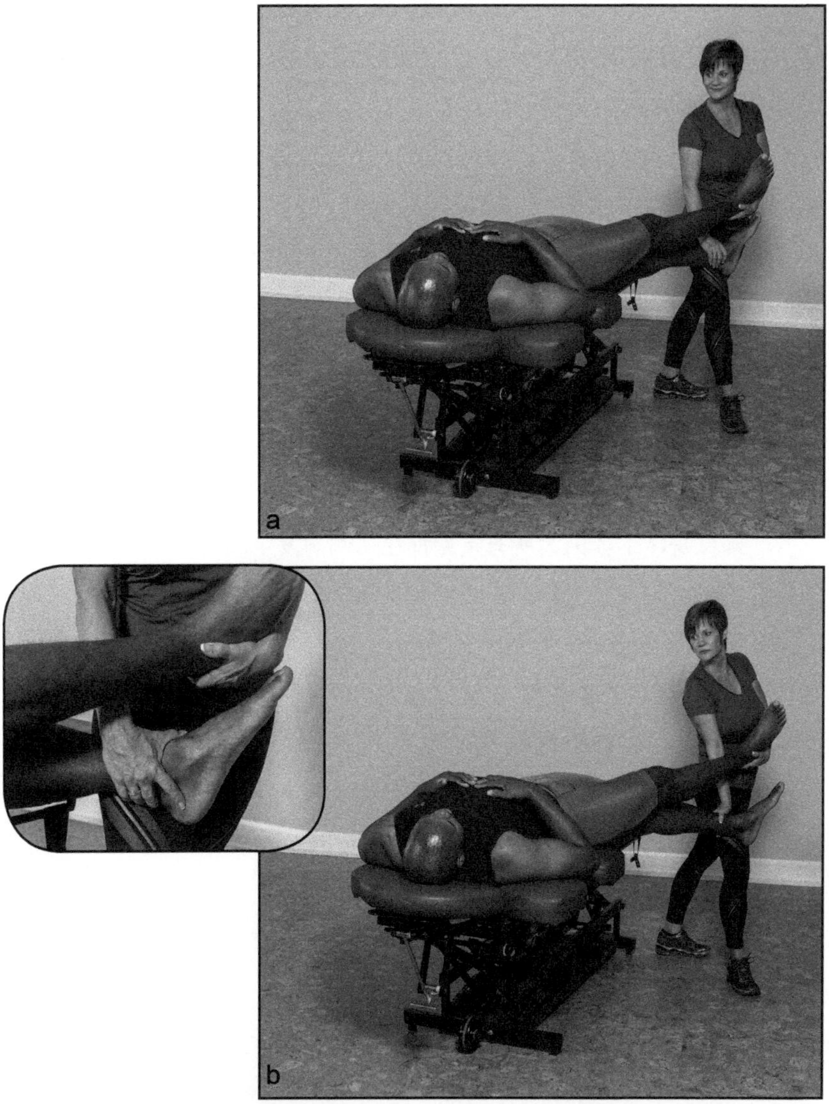

图 8.12 借助治疗桌进行侧面筋膜网拉伸

臀部切面拉伸

这一拉伸运动的目的是评估活动范围和增加旋转幅度，在拉伸中打开腰背部和髋部关节。这是 FST 的一个标志性动作，也是一个专门针对爆发力筋膜网的拉伸动作。无论运动员有多少时间可以进行辅助拉伸，都必须完成这一拉伸动作。

动作说明

1. 运动员仰卧在治疗桌上，一条腿跨过中线。双臂放置位置不要阻碍拉伸运动。
2. 辅助者站在运动员的两腿之间，背对治疗桌的中部。运动员将一条腿从前绕过辅助者的躯干（参见图 8.13a）。辅助者的内侧手放在运动员腿部内侧的下方，并将整条腿抱在腰间以提供支撑。辅助者的外侧手放在运动员的外踝骨上，向地面方向按压。
3. 辅助者带动位于腰部的运动员的腿向治疗桌尾端的方向移动，直到感觉身体组织产生抗阻力才停止移动。
4. 辅助者双脚平行，采用宽距站姿，双膝微微弯曲，以便在运动员腿部重量下保持稳定。辅助者将腘绳肌靠在治疗桌上保持稳定，确保身体不会因为所有重量都在一侧而发生倾斜。
5. 辅助者直立，身体向远离治疗桌的方向倾斜，带着运动员的腿从髋部向前旋转（参见图 8.13b）。拉伸时，运动员将膝盖向地面方向拉以对抗辅助者。辅助者抬高髋部，增加腿部的外旋幅度，从而增大拉伸强度。
6. 在最后拉伸时，辅助者将运动员的脚踝压向外侧手，并试着将运动员的腿内旋。将运动员的腿向上抬的同时，向下按压脚踝外侧，以增加拉伸强度。
7. 如果拉伸一侧仍有紧绷感，则重复拉伸，或者换一侧重复拉伸。

常见错误

- 运动员腿部拉向治疗桌尾端的距离不足。

- 辅助者因为向治疗桌的末端过分倾斜，而远离运动员的腿部，无法停留在治疗桌的一端，跟运动员没有接触。
- 辅助者拉伸速度过快，运动员无法感受到组织拉伸。
- 辅助者的双腿没有靠在治疗桌上，阻碍身体倾斜。

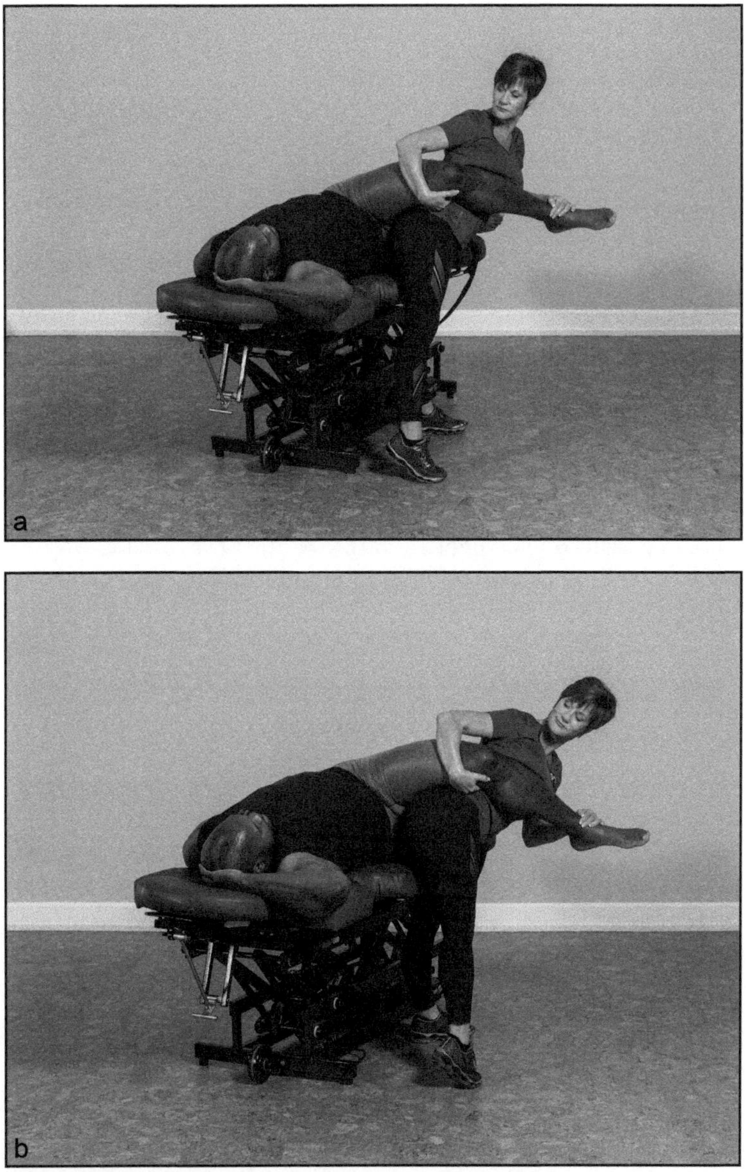

图 8.13 臀部切面拉伸

臀中肌拉伸

这一拉伸运动的目的是评估活动范围和增大运动强度。由于人体运动所需的爆发力主要来自臀肌和髋关节，所以这个拉伸运动非常重要。如果这些肌肉和关节受到限制，将对爆发力和快速运动能力产生负面影响。臀中肌在身体的稳定支撑侧通常更紧绷，而臀大肌通常在主导运动腿一侧更紧绷，拉伸时应进行相应调整。

动作说明

1. 运动员仰卧在治疗桌上，一条腿弯曲，横跨在身体上方。双臂放置位置不要阻碍拉伸运动。
2. 辅助者站在治疗桌尾端，一只手抓住运动员弯曲的那条腿，并沿着治疗桌的一侧向前走。辅助者髋部与治疗床顶端方向一致，或者稍微转向治疗桌。
3. 运动员抬起的脚放在辅助者髋骨外侧折叠处，或者其他双方都觉得舒服的位置。运动员通过脚踝外侧接触辅助者的身体来获得支撑，辅助者可以用外侧手握住运动员的脚踝，从而提供额外的支撑。
4. 让运动员的膝盖弯曲到正确的位置，以拉伸目标组织。保持运动员的脚低于膝盖，如有可能将膝盖对准胸部的中心。辅助者脚跟上抬，前脚掌着地，将运动员双腿从髋臼处抬起进行牵引（参见图 8.14a）。
5. 辅助者身体降低，需要注意不要将运动员的膝盖向胸部下压（参见图 8.14b、8.14c）。此时辅助者双手可以不用力，内侧手可以放在运动员的膝盖后面，起到提示作用。
6. 运动员通过用力向后压伸髋部以产生抗阻力。动作顺序为：膝盖朝向胸骨，位于胸骨和对侧肩部的中间，朝向对侧肩部。以 3 ~ 5 度的增量继续将运动员的腿向外侧肩部移动，从而拉伸其他身体组织。

常见错误

- 没有将双腿从髋臼处抬起进行牵引。
- 用手按压膝盖。

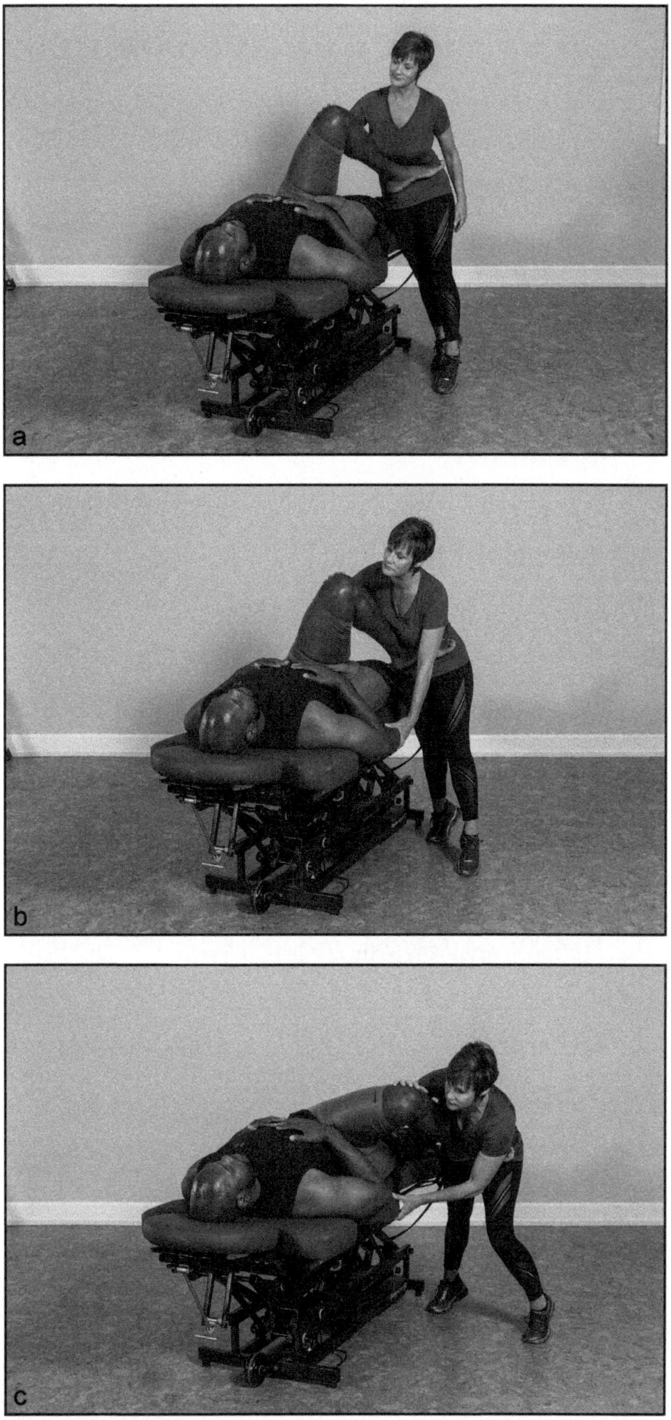

图 8.14 臀中肌拉伸

臀大肌和深层髋部旋转肌拉伸

这一拉伸运动的目的是评估活动范围和促进侧面筋膜网和爆发力筋膜网、髋部伸肌和臀大肌（尤其是后部肌肉）运动。

动作说明

1. 运动员仰卧在治疗桌上，一条腿跨过身体上方，大小腿约成 90 度，双臂放在躯干上。
2. 辅助者以弓箭步的姿势站在治疗桌侧面，髋部垂直于治疗桌面（如果可以）。
3. 运动员上举的脚放在辅助者的肩膀内侧（或身体的其他部位，只要运动员的腿弯曲成 90 度即可）。辅助者的肩膀将促使运动员的腿外旋，到达正确的拉伸位置。
4. 辅助者内侧脚前脚掌着地（参见图 8.15a），身体上提，将运动员的股骨上抬，并将髋部向外牵引。辅助者用整个身体来牵引运动员上举的腿。
5. 辅助者身体逐渐降低，运动员大腿和小腿尽量保持 90 度弯曲（参见图 8.15b、图 8.15c）。
6. 辅助者外侧手位于运动员的膝盖后面，起提示作用。运动员以恢复腿部初始伸展姿势的方式向辅助者的手发力挤压以产生抗阻力。
7. 以 3 ~ 5 度的增量继续将运动员的腿向外侧肩部移动，从而拉伸其他身体组织。动作顺序为：膝盖朝向同侧肩部，朝向胸骨，朝向对侧肩部。

常见错误

- 将膝盖向下推。
- 拉伸腘绳肌。
- 股骨外旋不足。

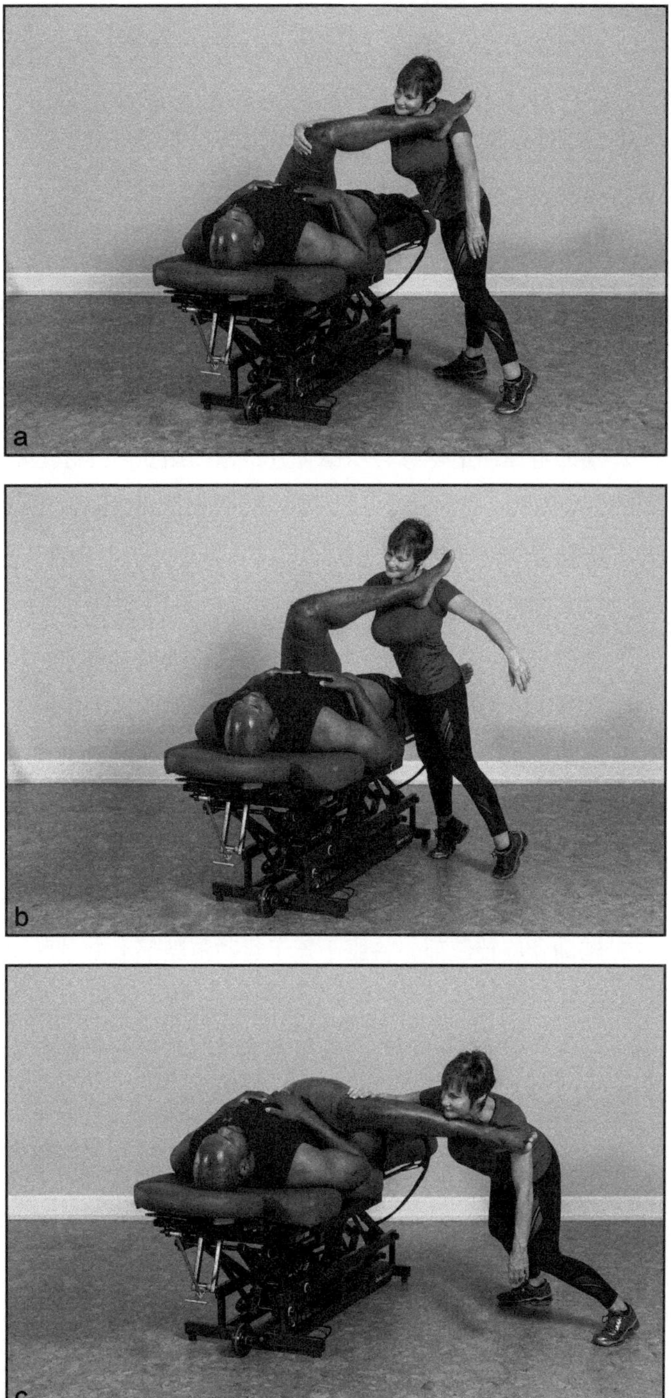

图 8.15 臀大肌和深层髋部旋转肌拉伸

髋部屈肌系列拉伸

这一拉伸运动的目的是评估活动范围，并通过增强髋部和股骨的伸展来促进深层正面筋膜网运动。

动作说明

1. 运动员侧卧在治疗桌上，下腿弯曲，上腿弯曲 80 ~ 90 度。保持躯干放松，侧腹部贴在治疗桌上。双臂放置在令自己放松舒适的位置。
2. 辅助者面向治疗桌，双腿分开，微蹲站立。提起运动员的上腿，并将其移动至轻微伸展位置。保持股骨和小腿骨在同一个平面。辅助者将运动员的上腿放在髋部，将踝关节上部置于髋关节外侧，以支撑足部（参见图 8.16a)。
3. 移动运动员的上腿以增加伸展幅度，辅助者用内侧臂环抱运动员膝盖上方的股骨，手或肘部支撑运动员的内侧膝盖。辅助者的外侧手臂支撑运动员的腰背部，或放在治疗桌上保持身体稳定。如果运动员的膝盖需要额外的支撑，可以用外侧手臂来支撑。
4. 辅助者的髋部向远离治疗桌的方向倾斜，从而移动运动员的股骨进行牵引。用身体产生的牵引力移动运动员的腿，不要用双臂拉。
5. 辅助者旋转髋部，将躯干置于运动员腿部上方尽可能高的位置，以获得最佳的杠杆作用（参见图 8.16b）。辅助者的髋部向治疗桌方向移动，运动员会收缩髋部屈肌对抗辅助者的牵引力。

常见错误

- 用双臂拉动运动员的腿。
- 膝关节分离，从而导致不适或疼痛。
- 股骨和小腿骨没有在同一个平面。
- 膝盖弯曲角度超过90度，变成股四头肌拉伸。

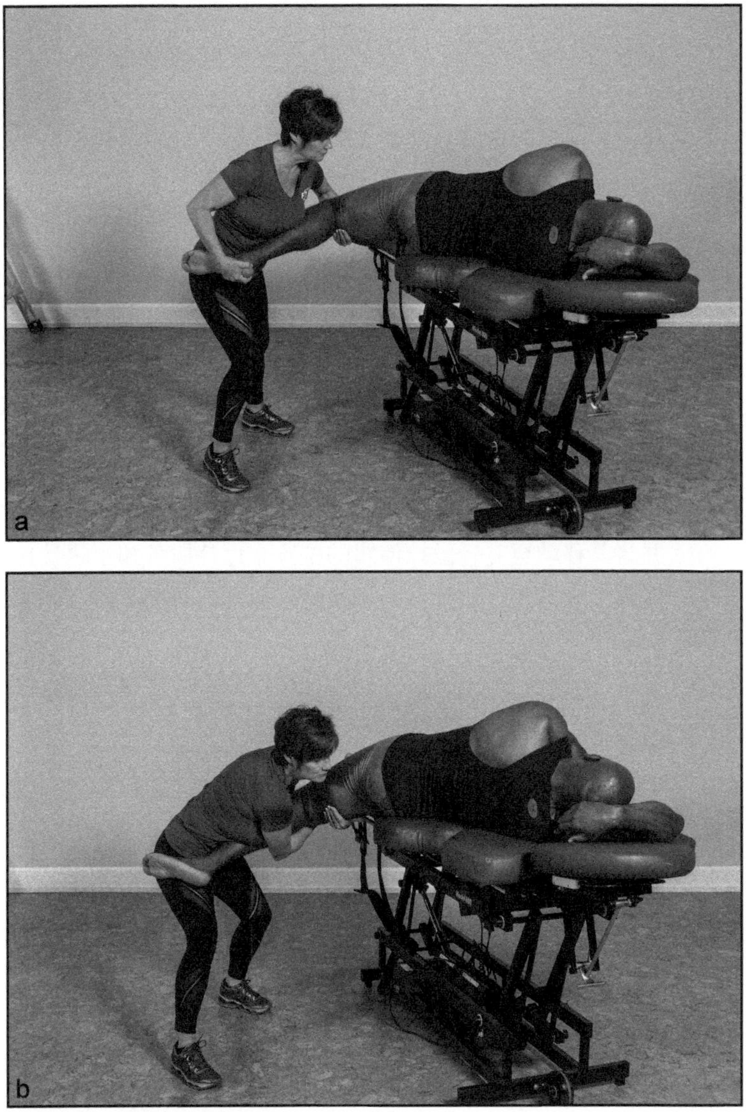

图 8.16　髋部屈肌系列拉伸

髋部屈肌整体筋膜网拉伸

这一拉伸运动的目的是评估并进行最大幅度的髋部拉伸，以促进正面筋膜网和爆发力筋膜网，以及髋部屈肌与筋膜运动。

动作说明

1. 运动员侧卧在治疗桌上，下腿向前屈曲，上腿伸展。保持躯干放松，侧腹部贴在治疗桌上，也可将胸部压向治疗桌，这取决于运动员上半身的柔韧性。双臂放置在令自己放松舒适的位置，上侧手臂可以伸过头顶，从而拉伸更多的爆发力筋膜网并增大拉伸强度。
2. 辅助者面向治疗桌，双腿张开，微蹲站立。提起运动员的上腿，并将其移动至有轻微拉伸感的位置。保持股骨和小腿骨在同一个平面。辅助者将运动员的上腿放在髋部，将踝关节上部置于髋部外侧，以支撑足部（参见图 8.17a）。
3. 辅助者的外侧腿向远离治疗桌的方向迈弓箭步，利用髋部和身体进行牵引，并保持运动员的脚位于髋部外侧。
4. 辅助者将内侧手放在运动员膝盖上方的股骨上，以支撑膝内侧。外侧手搭在自己髋部外侧。辅助者的整个身体倾斜，然后通过髋部的进一步倾斜，更大幅度地伸展运动员的髋部和股骨。拉伸时辅助者需要移动运动员的整条腿。
5. 运动员将腹部和髋部朝治疗桌旋转，以对抗辅助者的阻力，然后收缩整个屈髋肌群，并试图将拉伸侧腿拉向另一条腿，以抵抗阻力。
6. 为了完成对筋膜网的拉伸，可以将运动员的脚跟向臀部靠近，来增加膝盖的弯曲度，拉伸股四头肌。从最后一个姿势开始，将运动员的股骨恢复到中立的位置，从而放松其髋部。
7. 辅助者通过弧形运动将髋部向治疗桌面移动，将运动员的脚跟向臀部靠近，从而慢慢增加膝盖的弯曲度（参见图 8.17b）。
8. 如果运动员的身体组织允许，慢慢增加髋部伸展幅度。

常见错误

- 拉伸时使用双臂牵拉，而不是使用身体进行牵引和拉伸。
- 辅助者的髋部向治疗桌一端移动的幅度不够，不足以充分拉伸整个筋膜网。
- 在拉伸股四头肌之前，膝盖过度弯曲。

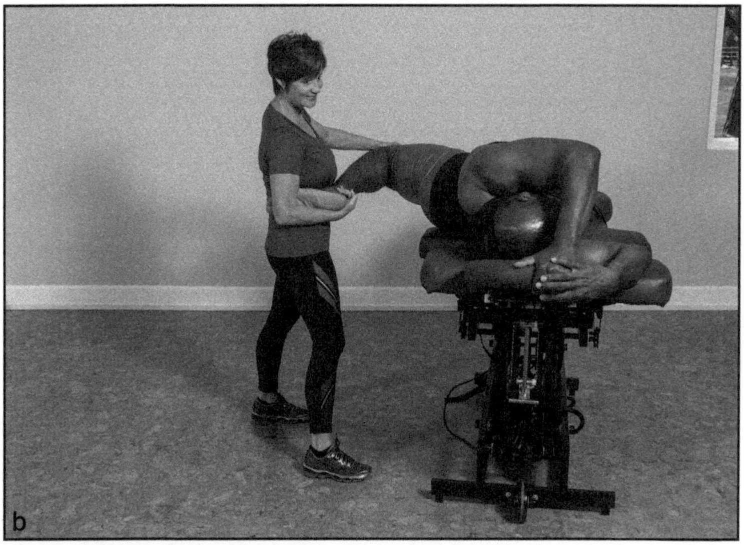

图 8.17 髋部屈肌整体筋膜网拉伸

本章提到的辅助拉伸示例是我们在诊室或机构里进行的拉伸动作和教学内容。希望本书的内容将鼓励你运用拉伸致胜体系中的一些原则和方法，来实施或继续你的柔韧性训练计划。我们的目标是让你发挥出真正的运动潜能，并最大限度地提升柔韧性以避免受伤。

参考书目

Alter, M. 2004. Science of Flexibility, 3rd ed. Champaign, IL: Human Kinetics.

Cook, G. 2003. Athletic Body in Balance. Champaign, IL: Human Kinetics.

Findley, Thomas. 2015. "Foreword." In Fascia in Sport and Movement, edited by R. Schleip and R. A. Baker. vii–viii. Pencaitland, East Lothian, Scotland, UK: Handspring Publishing Ltd.

Frederick, A. "Proprioceptive Neuromuscular Facilitation: Effectiveness in Increasing Range of Motion in Dancers and Other Athletes." Baccalaureate thesis. University of Arizona, 1997.

Frederick, A., and C. Frederick. 2014. Fascial Stretch Therapy. Pencaitland, East Lothian, Scotland, UK: Handspring Publishing Ltd.

Jeffreys, Ian 2008. "Warm-up and Stretching" In Essentials of Strength Training and Conditioning Third Edition, by the National Strength and Conditioning Association, edited by T. Baechle and R. W. Earle. 295-324. Champaign, IL: Human Kinetics.

Lavelle, E.D., W. Lavelle, and H.S. Smith. 2007. Myofascial trigger points. Med. Clin. North Am. 91(2):229–39.

Levin, S.M. 2006. "Tensegrity: The New Biomechanics" In Textbook of Musculoskeletal Medicine, edited by M. Hutson and R. Ellis. 69-80. Oxford: Oxford University Press.

Myers, T.W. 2014. Anatomy Trains: Myofascial Meridians for Manual and Movement Therapists. Edinburgh, UK: Elsevier Health Sciences UK. Kindle Edition.

Page, P. 2012. Current concepts in muscle stretching for exercise and rehabilitation. Int. J. Sports Phys. Ther. 7(1):109–19.

Pollack, G. 2013. The Fourth Phase of Water: Beyond Solid, Liquid, and Vapor. Seattle, WA: Ebner and Sons.

Schleip, R. 2015a. "Fascia as a Body-wide Tensional Network: Anatomy, Biomechanics, and Physiology." In Fascia in Sport and Movement, edited by R. Schleip and A. Baker. 3–9. Pencaitland, East Lothian, Scotland, UK: Handspring Publishing Ltd.

Schleip, R. 2015b. "Fascial Tissues in Motion: Elastic Storage and Recoil Dynamics". In Fascia in Sport and Movement, edited by R. Schleip and A. Baker. 93–96. Pencaitland, East Lothian, Scotland, UK: Handspring Publishing Ltd.

Schleip, R. and D. Müller, 2012. "Fascial Fitness: Suggestions for a Fascia-oriented Training Approach in Sports and Movement Therapies". In Fascia: The Tensional Network of the Human Body, edited by R. Schleip, T.W. Findley, L. Chaitow, and P.A. Huijing. 465-476. Edinburgh: Elsevier, Churchill Livngstone.

Schleip, R., T.W. Findley, L. Chaitow, and P.A. Huijing, eds. 2012. Fascia: The Tensional Network of the Human Body. Edinburgh: Elsevier, Churchill Livingstone.

Siff, M.C. 2003. Supertraining, 6th ed. Denver, CO: Supertraining Institute.

作者简介

自1975年以来，安·弗雷德里克(Ann Frederick)一直担任人体运动方面的教师，教授专业和学术性舞蹈和人体运动学。她创立了拉伸致胜中心，而她的丈夫克里斯（Chris）和其他职员负责筋膜拉伸疗法、理疗、普拉提、运动按摩、脊椎推拿和针灸治疗。自创立拉伸致胜机构（Stretch to Win Institute）以来，安和克里斯用他们开发的两种治疗技术，即经过认证的生命拉伸疗法和筋膜拉伸疗法，诊治了许多医疗、体能和运动领域的专业人士。安是经过托马斯·迈尔斯（Thomas Myers）认证的运动肌筋膜整合治疗师和筋膜拉伸研究学会（Fascia Research Society）的创始成员。

自 1989 年以来，克里斯·弗雷德里克（Chris Frederick）一直担任骨科、运动医学和舞蹈医学的物理治疗师。在专业舞蹈和武术领域，他有相关的背景知识。克里斯运用自己对运动矫正和继续教育的热情，为运动员提供帮助，教授他们如何评估灵活性。他也是拉伸致胜机构的创始人，他和安共同创造了拉伸致胜的生命拉伸疗法和筋膜拉伸疗法。他是经过托马斯·迈尔斯认证的运动肌筋膜整合治疗师。克里斯是美国物理治疗师协会（American Physical Therapy Association）和国际结构整合师协会（International Association of Structural Integrators）的会员，也是筋膜拉伸研究学会的创始成员。

译者简介

王雄，清华大学运动人体科学硕士，体育教育训练学博士；副研究员，硕士生导师；国家体育总局训练局国家队体能训练中心创建人、负责人；现任国家体育总局训练局体能训练中心主任；国家体育总局备战2012年伦敦奥运会身体功能训练团队召集人、中方总协调，备战2016年里约奥运会身体功能训练团队体能训练组组长；备战2020年东京奥运会体能训练保障营体能负责人；备战2024年巴黎奥运会体能专家组成员、召集人；为游泳、田径、举重、乒乓球、羽毛球、体操、跳水、排球、篮球和帆板等二十余支国家队提供过相关体能测评和训练指导服务；清华长三角研究院特聘研究员，国家体育总局教练员学院特聘专家，中国体育科学学会体能训练分会常委，北京市体育科学学会体能分会副主任委员，北京市体育科学学会理事会理事。主编有《儿童身体训练动作手册》（系列书）《青少年身体训练动作手册》（系列书）《功能性训练动作解剖图解》（系列书）《儿童青少年体质健康测试达标教学与训练指南》（系列书）等二十余部图书；译有《精准拉伸：疼痛消除和损伤预防的针对性练习》《体育运动中的功能性训练（第2版）》《NSCA-CSCS美国国家体能协会体能教练认证指南（第4版）》《儿童身体素质提升指导与实践（第2版）》《青少年力量训练：针对身体素质、健身和运动专项的动作练习和方案设计》《女性健身全书》《50岁之后的健身管理》《自由风格训练：4个基本动作优化运动和生活表现》《美国国家体能协会力量训练指南（第2版）》《NASM-CES美国国家运动医学学会纠正性训练指南（修订版）》《执教的语言：动作教学中的科学与艺术》《游泳科学：优化水中运动表现的技术、体能、营养和康复指导》《跑步科学：优化跑者运动表现的技术、体能、营养和康复指导》等二十余本译作；在《体育科学》《中国体育科技》、*Journal of Sports Sciences*等中外期刊发表文章十余篇；研究方向为身体训练（专业体能和大众健身）、儿童青少年体育、健康促进工程等。

杨斌，卡玛效能运动科技创始人，卡玛效能“有氧训练专家”认证标准制定者，卡玛效能精准系列认证课程［“精准评估（Precision Assessment®）”“精准训练（Precision Training®）”“精准减脂（Precision Weight Loss®）”“精准力量（Precision Strength®）”“精准伸展（Precision Stretching®）”“精准营养（Precision Nutrition®）”“精准康复（Precision Rehabilitation®）”］创始人；精准减脂管理软件创始人；曾任美国运动医学会（ACSM）、美国国家体能协会（NSCA）及国际体育科学协会（ISSA）中国区讲师，国家体育总局体育行业职业技能鉴定专家指导委员会专家，中央电视台体育频道特邀运动健康专家，北京特警总队体能顾问，贵阳市公安局警训部体能顾问；2003年全国健美锦标赛青年75 公斤级冠军；著有《家庭健身训练图解》，译有《精准拉伸：疼痛消除和损伤预防的针对性练习》《整体拉伸：3步提升全身柔韧性、灵活性和力量（全彩图解第2版）》《高强度训练的艺术》《热身运动：优化运动表现与延长运动生涯的热身训练系统》《泡沫轴完全使用指南：提升表现与预防损伤的针对性练习》《拉伸致胜：基于柔韧性评估和运动表现提升的筋膜拉伸系统》《周期力量训练（第3版）》等。